爱上骨盆操

So easy

42招超简单骨盆操

每天3分钟 矫治你的下半身！

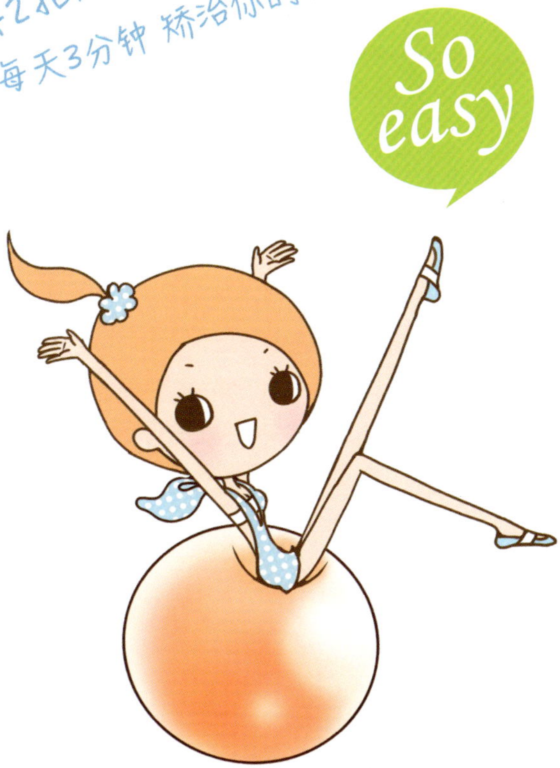

吴宛竹 著

译林出版社

当“麻醉医师”遇上酸痛，Dr. Wu 出手，一秒就搞定！

尹氏夫妇从事麻醉专业 25 载，同行戏称我们是“夫麻妇醉”，所以哪儿酸痛就相互麻一节，是吗？错，我们都得找宛竹，真的！

宛竹医师是我夫妻俩的好友兼疼痛医师，她的邀序与其说是专业推荐，不如说是我俩的公开感谢信。是她带领我们了解脊骨神经医学的奥妙，宛竹的一双巧手更胜我们麻醉专业药物或技术，因为它能不费一针一剂，徒手办到治本效能。

台湾健保给付数人头的错误激励制度，养成头痛医头、脚痛医脚的就医态度，常觉得生病不舒服就看医生吃药打针，治愈就算了，没好就 Doctor shopping 一家一家诊所医院看下去。反正看越多拿药越多，花健保又不是花自己的钱。反正慢性酸痛治越久，医生赚越多，病人只求打针吃药之速效，懒得追根究底、明了致病机理，寻求治本方法，多数医生就选择随波逐流，开药打发比较省事。

一回，专职为麻醉医师在超级困难的气管内管置放奋战后，左手臂似乎扭伤了，医师老公心疼我，努力帮我按摩手臂，一辈子没帮他人按摩过的处女秀。我手痛没好，结果老公的手也废了。神奇的杰克—— Oh No！宛竹医师度假一周回台，瞧见我们一家可怜相，出手一捏胸椎近肩胛处，真不是假话，一秒钟就治好了我的手臂疼痛，它可是足足痛了一个礼拜呢！

所以，不能手痛医手，脚痛医脚，“脊骨关节错位”迁延疼痛会表现到手臂，这是我第一回领教宛竹的人体动力学精湛，令人激赏。脊骨神经医学的神奇不是帕玛医师能行让“耳聋的能听见”，“瘸腿的起来行走”也不假，这些都是有脊骨神经解剖学理的“致病机转依据”。看似婆婆妈妈碎碎念，“坐要有坐相，站要有站相”，宛竹医师用最浅显易懂的说法，让大家能理解下背痛常见的致病因。

上述医病于未然，可惜台湾人已被健康保健惯坏了，不吃药打针就像亏了缴健保费。听听宛竹医师在本书中，为大家解说正确姿势，以及生活饮食方式，就能找回健康，是多划算的事。尤其是女性朋友，千万别大意，不良姿势与饮食习惯能与经痛、不孕甚至胎位不正都有明确关连呢。

永龄健康基金会 尹彙文 医师
中国台北荣总麻醉部 許淑霞 医师

骨盆，延续生命能量的起源

因为一位学生麻醉科医师（苏医师）的关系，认识了吴医师。

过去多年在美国教学的经验，对于彼拉提斯运动（Pilates）与脊骨神经医学（Chiropractic）的结合并不陌生，因为彼拉提斯专业的理论基础、动作与脊骨神经医学强调以自然医学的方式照护身体，能相辅相成地让身体由里而外达到身心平衡。

回台湾之后，也一直积极推动“运动结合自然医学”的观念，希望能藉由最自然和自我身心内在主导的方式，从姿势体态的外在骨骼结构，与功能运作的内在大脑、神经、肌肉、脏器，重新唤起大家明白身心合一，彼此协调，相互影响的重要，唯有身心内外处于平衡稳定的状态，才能达到真正的健康。

认识吴医师后，看到她眼神中露出对脊骨神经医学的热情、对专业的执着、对理想的坚持，以及对患者身体的疼惜和照顾，总不时让我感动。虽然说，人因梦想而伟大，但要在种种复杂多变的环境与挑战中，仍然选择默默义无反顾且不随波逐流的继续努力，吴医师，真的是位用心看、用心听、用心为患者治疗，难得一寻的好医生。

为了推广运动结合自然医学的概念，让大家可以从运动、生活饮食、姿势体态各层面的配合获得更多的健康与快乐，我邀请吴医生担任“亚洲体研”彼拉提斯教育机构的师资培训讲师，定期为运动专业人士讲课，协助运动教练在指导学员运动的同时，也能提供学员正确的保健知识。听过吴医师讲课的学生无不被她活泼、风趣的讲课风格所吸引，让原本稍嫌枯燥繁琐的解剖学与运动伤害预防变得生动有趣起来，更让生硬的专业医学变成浅显易懂的实用常识。

“骨盆”是延续起整个生命能量的起源，不仅承上启下撑起整个躯干、上肢与下肢间的活动，更是整体姿势平衡稳定最重要的区块。拥有健康稳定的骨盆，就等于向健康又迈进了一大步，吴医师的这本“爱上骨盆操”图文并茂，详细解说，动作更是浅显易懂，容易学习理解，适合每个人阅读及练习。我以专业的角度，郑重向您推荐，相信此书会对您受益无穷。

郑青珊

亚洲体研 BODY LAB 彼拉提斯教育中心 负责人

PMA® Certified Pilates Teacher 国际彼拉提斯协会认证讲师

“骨盆”如同房子的“地基”，是健康之本

我是 2008 年初从美国回台服务时认识的 Wendy，也许是被她开朗纯真的个性吸引，也许由于我们是台湾凯罗健康协会（Taiwan Chiropractic Doctor's Society）内的少数女生，两个人很快成为无话不谈的好朋友。除了专业脊骨神经医学（Chiropractic）的素养外，她细心、仔细的女性特质，让许多病人都非常信任、放心。

第一次听 Wendy 提起出版社邀稿的消息时，她脸上深思熟虑的表情让我印象深刻。**她语重心长地说：“我不想写一堆艰深难懂的专有名词，来凸显脊骨神经医学的专业；但是我更不要为了要迎合市场需求，随便拼凑一些夸大不实又哗众取宠的故事来敷衍了事……”**当时我就对她的书充满了期待，之后当我们再次聊到有关于书的进度时，Wendy 开玩笑地说：“你没有注意到我头上的白发近来变多了吗？”是的，非专业训练的写手，要如何以浅显易懂的文笔，在不流于枯燥乏味的前提之下，解释人体复杂的结构与机制，真的需要非常用心地去构思，所以，我相信，一本好书是值得等待和收藏的！

从解剖学来看，“骨盆”不仅具备了下腹腔重要器官的保护功能，同时也是副交感神经分布的一个区域，负责身体中枢神经与周边生理功能，在信息的交流以及协调，其重要性可见一斑。

以人体力学的角度来分析，骨盆之于脊椎，就如同地基之于建筑物本身。若没有坚固扎实的基础，很难盖出一栋稳固安全的房屋。况且，因为骨盆提供了许多下肢肌肉的支撑以及附着点，所以从髋关节、膝盖，甚至于脚踝，都和骨盆有着密不可分的关系。目前国人的观念，普遍以疼痛的舒缓为导向，相形之下，比较少地深入探讨造成疼痛的原因。**但事实上，痛觉是身体发出的众多信息之一，不过只属于一种警讯罢了，其目的是为了提醒我们身体的某个部位有状况**，需要被仔细评估和检查，其背后真正引起疼痛的原因才是问题的症结。

我衷心希望接触这本书的读者，都能够从中有所收获，虽然不可能透过有限的章节，消化深奥的人体医学知识，但是藉着此书的介绍，能够建立对身体健康的正确概念；更重要的是，懂得健康都掌握在自己的手中！！

陈某某（签名）

中国台湾凯罗健康协会 秘书长
美国脊骨神经医学博士
中国台湾物理治疗师

用“不吃药的方法”矫治歪斜骨盆

听到 Dr.Wendy 要出书，说实在，我欣喜的同时觉得好骄傲，因为我们脊骨神经医学的同胞中，又多了一位动静双全的女医师。

在此，同样身为美国脊骨神经医学博士的我，希望能推荐这本书给所有的读者，让大家体会及了解脊骨神经医学（Chiropractic）崇尚自然的理念及从根本着手的处理方式，与一般大众认知中的内科医学（Medicine）以症状处理为目标是极不相同。

我也非常佩服 Dr.Wendy 对专业的执着、热情、毅力及执行力，不但积极参与学会各项活动及国际会议，更对推动脊骨神经医学在台湾地区的立法与教育工作不遗余力，除此之外，在个人与工作之余，竟还能挤出时间来写书。

“骨盆”的重要性不只在支撑我们整个身体架构上扮演着非常重要的角色；同时对于自律神经中副交感神经的分布更是不可被忽略，特别是藏在骨盆腔内的消化、生殖与泌尿器官，除了由内外层肌肉组织保护着它们外，更依赖神经系统的控制跟平衡，才能让器官正常运作。因此，身体健康与骨盆的稳定有着密不可分的关系。

本人真心地推荐这本书，因为不只是让大众了解“脊骨神经医学”主张不打针、不吃药、不开刀的理念，**同时更让大家看到脊骨神经医学如何利用“自然的方式”矫治歪斜的骨盆，相信此书的内容将会让你受益匪浅。**

亚太区脊骨神经医学联盟　秘书长
Asia Pacific Chiropractic Doctors' Federation
美国脊骨神经医学博士

爱自己，从善待你的骨盆开始

她是我的医师、我的老师、我的朋友，更是带我走进脊骨神经医学的启蒙。史瓦兹医师（Dr. Schwartz）是位六十几岁，但看起来却只有五十出头的脊骨神经科医生，第一次见到她，是为了求助我多年来下背痛的困扰。

生命中的贵人，我的启蒙老师——史瓦兹医师

对史瓦兹医师的印象，觉得她总是精力充沛，似乎有用不完的体力，认真地照顾她的患者。每一次去见她，她总是给我如阳光般灿烂的笑容和大大充满关怀的拥抱，史瓦兹医师看待我，就如同3岁的孩子一般，有时会搔我痒，有时会打我的屁股，更关心我学校与生活的大小事，反正，她总有办法逗得我哈哈大笑，所以从来就不觉得去她的诊所，是件恐怖又冷酷的事。

一场改变恩师人生的车祸

在她两年多的照顾下，原本几乎天天下背痛，甚至引起经常性头痛的问题逐渐好转。这段时间中，虽然曾片段听到一点儿有关史瓦兹医师的故事，但她却不曾亲口对我说过。直到有一次，在她前往度假的飞机上，竟然不幸地发生了经济舱症候群，当时飞机正在公海上空，无法紧急迫降，拖了好一会儿，才千辛万苦让她转搭直升机，送往最近的医院。这一次意外，几乎要了她的命。那已经是我在脊骨神经医学院就读的第二个学期了。

我辗转得到消息后，马上开车赶去看她。她躺在病床上，看到我前来探视，可以看得出来是又惊又喜，当然更高兴我带来她所爱吃的中国菜和幸运饼干。在床边陪她聊着学校发生的事，没一会儿，她竟然紧握着我的手，看着我，像极了饱受惊吓，无辜又委屈的孩子，两行泪，就从她一向坚强勇敢的脸颊慢慢滑下，用微微颤抖的声音告诉我，她不想生病，更害怕生病。她

的反应让我有些措手不及，因为她是这么好强又坚强，如此标准狮子座的女人。

此时，史瓦兹医师才娓娓道出她的故事，原来在成为脊骨神经科医生之前，其实她是位才准备上任的新手教师，长久以来，当老师的崇高理想正准备实现，一切正处于意气风发的同时，一场车祸，改变了她的生命。

✿ 骨盆粉碎、脏器破裂，被医生宣告可能行动不便

史瓦兹医师慢慢地回忆起不堪回首的那个夜晚。她跟朋友去庆祝正式教师生涯的开始，在回家的路上发生了车祸。迎面而来的车子，正好不偏不倚撞上坐在驾驶座旁的她，当她清醒过来的时候已在医院的病床上。主治医师告诉她，这场车祸让她的骨盆粉碎，而且脾脏与其他脏器也破裂，这辈子恐怕是无法生育了，听到这，史瓦兹医师简直不敢相信自己的耳朵，但还来不及悲伤时，医师就又宣告她因为右脚神经受伤严重，恐怕将来行动上也会受到相当程度的影响，不过经手术抢救后，能捡回一条命，已经是不幸中的大幸。

讲到这，看到史瓦兹医师眼睛泛满泪光，她说，刹那间，有种从天堂狠狠一棒子被打落直到地狱，永不得翻身，一切都完了，什么也都没有了的感觉。这场车祸，让她在医院整整躺了快两个月，原本正满怀理想，准备循循善诱当老师，如今却只能像个毫无能力的废人躺在病床上，想到这，史瓦兹医师深深地叹了一口气。

✿ 在脊骨神经医生的细心照料下，奇迹发生了

接下来的日子，史瓦兹医师努力地复健，也到处寻求名医，但却没有一位医师能有把握让她再如正常人一般的行走。就在此时，某位朋友建议她去寻求脊骨神经科医师的帮助。当时她根本没听过脊骨神经科，觉得那是医学中的旁门左道。但朋友一句："有什么会比你现在情形更糟的？"点醒了梦中人，于是史瓦兹医师抱着死马当活马医的心态，来到我另一位老师西格尔医师所开的诊所接受治疗。当时西格尔医师也不过只是个刚毕业没几年，名不见经

传的年轻脊骨神经科医生，但在他细心地照顾下，奇迹竟在一年多后出现了，史瓦兹医师开始下床拄着拐杖，迈出了新生命的第一步。

这样的结果，乍听之下，简直是个怪诞荒谬毫无科学根据的奇迹。简单来说，西格尔医师将史瓦兹医师因车祸受创而移位的脊椎关节，尽可能藉由脊椎矫治回到原本的位置，再配合饮食和营养补充、肌肉耐力训练等方式，降低与舒解骨骼和周遭肌肉、韧带因疤痕粘连带来的紧绷和痛楚，特别是移除受到挤压及干扰的神经、血管，使其得以放松并恢复正常的运作，加上身体的自愈力慢慢让她可以撑着拐杖行走了。

从零开始学习“脊骨神经医学”，用亲身经历帮助更多人

道理听起来似乎很简单，但其实治疗的过程却是非常煎熬、痛苦，非一般人能想象。史瓦兹医师靠着过人的毅力，配合着西格尔医师的专业治疗与照顾，一点一滴走过了死荫的幽谷，重新站了起来。当生命死去又再次活来时，失而复得的心情，让史瓦兹医师更懂得珍惜与尊重生命，当下，她便决定重新拾起书本，回到学校当学生。

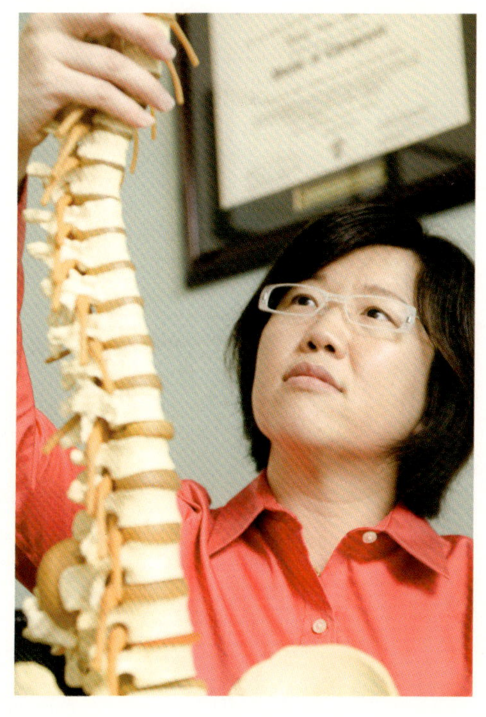

史瓦兹医师撑着拐杖，一跛一跛来到罗根脊骨神经医学院，从零开始学习脊骨神经医学。数年后，她获得了脊骨神经医学博士的学位，同时并取得临床营养师专科的执照，并选择在伊利诺州的香槟市执业。**她深深相信，医学，除了打针、吃药、开刀的范畴之外，还有更宽、更广的领域值得深入研究。她希望能以自身的经历，帮助更多像她一样遭受不幸的人。**

不吃药的自然医学，每个人都需要

现在的史瓦兹医师虽然已像正常人般行走与生活，但她还是得定期接受脊骨神经医学的治疗，特别是骨盆的区块，并配合她营养师的专业，才能换得更好的生活品质与生命的延续。她的故事，深深感动坐在病床旁的我，不得不承认每个医学专科都有其长处与极限，而生命力的韧性更是不容小觑。唯有包容与接纳才能使得知识无限地延伸与扩展，让病患接受不同的选择与最妥善的照顾。

大学毕业后，因缘际会在史瓦兹医师的推荐下，我也进入了罗根脊骨神经医学院（Logan College of Chiropractic），只是当时我还不知道史瓦兹医师的故事。而她的故事，不仅深深感动坐在病床旁的我，更是坚定我成为脊骨神经科医师的榜样。

毕业后，我通过美国国家脊骨神经医学专科考试，成为美国密苏里州注册的脊骨神经科医师，同时，也取得小儿孕妇等证照。当史瓦兹医师正萌生退休，寻求我意愿成为她的接班人时，我却决定放弃十多年在美国舒适优渥的生活，返回台湾，我的家。因为我知道，这里有更多人需要脊骨神经医学。

打针吃药、开刀，并不是唯一的解决方法

2003 年 10 月我回来了。回来，是为了将在外多年，所听、所看、所学、所用、所感受有关脊骨神经医学的好，带给这片土地上和我有浓浓情感与关

系的人。当自然追求健康的风潮慢慢吹进台湾；也当越来越多非病理性因素导致健康失调的出现，打针、吃药、开刀的医疗方式，不再是解决问题的唯一方法，而且再也无法满足现代人对身体健康的要求，一向主张以自然方式追求健康、舒解压力、放松身体紧绷、平衡神经系统，进而提升自我免疫力，达到身体自我修复功能的“脊骨神经医学”则是一项新选择。

纵使现今不论是民众、行政当局或者医界对于脊骨神经医学仍一知半解，甚至产生许多误会，在法律与管理上台湾地区仍落后许多，整体感觉显得有些混乱与参差不齐。每一门医学，每一个专业都是经过许许多多人不断的努力与合作，才能让我们今天的生命得以延续，健康更加美好。**期待看到在你我的努力下，能让世界卫生组织（WHO）认同，以及世界各地风行的脊骨神经医学，在台湾慢慢入土、生根，更期待看到未来开花、结果，那将会是所有民众最大的福气。**

✿ 骨盆出问题，身体就会生病

腰酸背痛的经验相信对于坐太久、吃太好、动太少的现代人来说并不陌生，特别是在骨盆区块又以荐髂关节（Sacroiliac Joint）失调引起的问题最多。**因为骨盆包覆着生殖、泌尿和消化器官，不仅是每个人孕育生命能量的中心，更是支撑稳定整个身体躯干，并且协调四肢运作的枢纽。**简单来说，只要是骨盆失调，全身的运作就会跟着失衡，所有的症状、疼痛与疾病也会像滚雪球般接踵而来。

骨盆，虽是平凡的构造，却有巧妙的功能和深远的影响，希望能藉由此书浅而易懂的文字、生活化的案例，让读者更清楚地认识自己的身体，解开腰酸背痛的迷思，从日常生活、运动与习惯饮食中改变，藉由自然、无副作用，寻求“根本”及“原因”着手，找回原有的健康和身体的主导权。

美国脊骨神经医学博士
美国密苏里州注册脊骨神经医师

Part 2 “骨盆”决定“下半身”健康

Part 3 最有效的骨盆操

Part 4 关于骨盆，你一定要知道的事

主张不吃药、不打针的脊骨神经医学

不用药，也可以找回身体的“自愈力”！

未来的医师不再给予药物，反将重点放在照顾病患的身体结构、饮食、疾病成因与预防上。

——

汤姆士　爱迪生
Thomas A. Edison

✿ 耳聋的校警，让“脊骨神经医学”研究跨出一大步

脊骨神经医学的滥觞，要回溯到一百多年前，从脊骨神经医学的开山始祖——丹尼尔·大卫·帕玛（Daniel David Palmer）医师开始说起。帕玛医师于公元 1845 年出生在加拿大安大略省的波特波里小镇。当时的医学认为，人体结构在不当移动之下，会造成摩擦生热的发炎现象，而这个假设，引发了帕玛医师对人体脊椎骨骼及神经结构的高度兴趣，于是他从公元 1886 年起，展开了“脊骨神经医学”的治疗与研究工作，这就是脊骨神经医学发展的起源。

然而，真正使“脊骨神经医学”（Chiropractic）在临床上跨出了划时代的第一步，却是由于帕玛医师与耳聋校警——哈维·里拉先生在校园中的巧遇。

就在帕玛医师进行研究的某一天，他在校园里遇到了几近耳聋的校警哈维·里拉先生，两个人寒暄后，便很大声地攀谈起来。里拉先生告诉帕玛医师，说他自从两年多前扭伤脖子后，听力就每况愈下，于是他问帕玛医师：为什么在他的脖子不小心受到猛烈的扭伤后，听力就变得越来越差，甚至其中的一只耳朵，竟然还从此听不见了呢？

刹那间，帕玛医师满脸狐疑，歪着头看着里拉先生，这个问题引燃了帕玛医师无穷的好奇心。虽然当下没有一个答案，但是他认为，凡科学能解释的问题，那必定可以找到合理的答案。**帕玛医师坚定地认为，造成里拉先生听不见的原因与他脖子所受的伤绝对有关！**

接着，帕玛医师用手触摸哈维的脖子，发现其中透露出骨骼结构不太正常的信息，此外还可以感觉出周遭的肌肉也变得僵硬了。在做完一连串有关神经、肌肉与骨骼的检查后，帕玛医师找出里拉先生颈椎错位的关节，并且加以矫治，试着让这些错位的骨头回到正确位置上。接着，神奇的事情发生——失聪的里拉先生竟然又开始听到嗡嗡嗡的声音了。

✱ 健康就像“骨牌效应”，牵一发则动全身

里拉先生的神奇个案，为帕玛医师的研究灌注了鼓舞的力量，于是，帕玛医师决定要更深入地研究脊骨神经医学。多年来，帕玛医师夙夜匪懈钻研人体骨骼及神经对健康的影响，曾经，他对着两千两百具为医学研究所奉献出的人体，特别是脊椎骨的部分，没日没夜投注无比的时间进行解剖与研究，他非但不觉得辛苦反而还乐此不疲。他的执着与疯狂，真可说是所向无敌。

经过长期的研究，帕玛医师发现，**脊椎骨就像多米诺的骨牌一样，倘若某几节的脊椎能够在正确位置上，随着身体正确姿势移动的话，体内其他的脊椎骨就会像骨牌效应一样，也随着摆动**，慢慢按照正确的秩序排列，这样一来，就可以让神经系统放松，使身体呈现平衡状态，更使人恢复健康。

这样的理论，讲得更明白一点儿，因为神经系统是我们身体中最重要的系统，它由我们的大脑延伸至腰间，再加以分支，并由脊椎与脊椎间的孔中贯穿至身体中的每一个组织、器官，甚至于每一个微小的细胞内。**因此，当脊椎骨因故产生任何的错位，便会形成干扰神经传送电波信息的因子，使得整个身体的沟通产生不良，进而衍生成身体的功能失调（Dis-ease），甚至疾病。**

✱ 连西医宣布放弃的病患，也找到了一丝希望

许多疾病的产生，虽不见得直接与脊椎神经有关，但以整体健康的观点来看，**传递养分及信息的脊椎与神经系统若不健康，就像是浇花的水管被重物压住，让水流变得不畅通，将严重影响我们的身体运作，有如植物慢慢枯萎。**倘若能将障碍移除，使神经系统运作正常，传递信息至身体内的每一个系统、器官及细胞，那么血液养分也能顺畅流通，自然身体的免疫系统机能就能正常运作。

一旦自愈能力提升，人体即已具备足够的力量，可以对抗绝大多数破坏健康

的因子，以保持身体最佳的状况。这种以“自然方法获得健康”的主张，就是脊骨神经医学的最大特色。

当这个理论在公元 1895 年发表之后，帕玛医师立刻声名大噪。来自各地四面八方想寻求健康解答，**特别是许多已经被西医宣布放弃的病患，络绎不绝地涌进帕玛医师的诊所。**这股风潮一直持续延伸，并且从美国延伸到全世界。于是，帕玛医师开设了第一所脊骨神经医学院，并且在他退休之后，交由传承了他衣钵的儿子 B.J 帕玛来管理，并继续推动脊骨神经医学的研究与发展。

摆脱传统治疗，帮你找回身体的“自愈能力”

一百多年来，新兴医学“自然新主张”受到世界尤其是欧美国家欢迎，其中以脊骨神经医学（Chiropractic）最具代表性。**脊骨神经医学藉由“自然方式”来维护健康，颠覆了传统西医打针、吃药、开刀的治病观念。**脊骨神经医学以现代医学理论为基础，并在此基础之上开创了新的医疗体系。一路走来，即使受到不断的质疑与考验，但帕玛医师以及他的后继者，只是越挫越勇，用更多的事实与科学证据，来证明脊骨神经医学的价值。

现代医学之父——希波克拉底（Hippocrates）曾说过：“万病的根源在脊椎”，这句话正好说明了脊骨神经医学的重要性，而在世界卫生组织（WHO）的认定下，脊骨神经医学也早已成为正式医疗团队中的一员。

现今，“脊骨神经医学”不仅仅风靡全世界许多国家，更照顾了无数的病患，并有越来越多研究报告相继证实了帕玛医师当年的想法。在国外，它属于健康医疗体系中的一环，并以“脊椎健康”为基础，以每个人的“整体健康”为目标。

✱ "错误的生活方式"值得注意

常有人问我所学的专业"脊骨神经医学"到底是什么，根据世界卫生组织（WHO）的解释，脊骨神经医学（Chiropractic）属于专业医疗体系团队中的一员，**主要专精于诊断、治疗及预防身体骨骼、肌肉、神经系统方面，在结构与功能上所产生的疾病和疼痛。** 注：欲想进一步了解更详尽的解释，请至 www.wfc.org（世界脊骨神经医学联盟）查询。

脊骨神经医学以脊椎和神经系统的健康为出发点，譬如：

身体姿势体态——站、卧、起、走、跑、跳等。

生活习惯——抽烟、睡觉、洗脸刷牙、呼吸、熬夜、抱小孩等。

工作形态——电脑的使用、讲电话、搬运工作等。

饮食方式——喝酒、咖啡、食物等。

伤害——跌倒、车祸、生产等。

污染——压力、空气、水源等。

心理——压力、情绪等。

这些行为及动作都会影响到身体活动（Movement）的方式，在动作之间会直接影响脊椎、肌肉与神经运作的关系。当活动方式错误时，最初可能在施力点、着施力点或支点周遭造成身体结构力学上的失衡，引起或大（Macro）或小（Micro）甚至连续性伤害，慢慢引发酸、疼、痛、麻、无力、虚弱等不同急性或慢性发炎的症状，终究引起全身神

经系统运作失调，**导致免疫及循环系统衰弱，而产生疾病如关节炎、椎间盘突出、偏头痛、耳鸣、失眠、肌肉拉伤、韧带扭伤，甚至脏器性疾病，等等。**

你想永远过着“追着症状跑”的窘困生活吗？

因此，脊骨神经医学的医师，特别注重病患的“神经系统”与“整体健康”，避免将个人切割，造成“脚痛医脚，头痛医头”，永远追着症状跑的窘困，**并藉由不打针、不吃药、不开刀而从调整身体结构（姿势体态）、饮食（营养及维生素等）、运动和引发疾病或疼痛背后真正的原因着手，**用最自然、安全及有效的方法，让病患学习了解如何做到和维持在身体、生理、心理、心灵合而为一的平衡，达到真正的健康，说穿了，这是一种生活态度上的学习与改变。

身体与生俱来就有“自愈”与“逆转”的机会，当观念正确，方法也用对了，只要还不到最后关头，想要追求健康，拥有不酸不痛的人生，其实并不难，这是不同于病理和症状治疗中的一种“新新科学”，以及追求健康及平衡的新选择。

最初从美国回到台湾时，因脊骨神经医学在台湾地区的发展尚在初级阶段，加上制度与法规不健全（脊骨神经医学在台湾地区的发展大约落后国外超过 20 年以上），因此，不要说一般民众，甚至专业医学医师，截至目前，对脊骨神经医学仍感到相当陌生，也产生了许多误会。**其实在国外，特别是美国，脊骨神经科医师的总人数，是整个医疗体系中的第二名，仅次于大内科医学（内外科、妇产科、神经科……林林总总专科相加起来的总人数）。**

或许你也曾听别人说过脊骨神经医学是属于另类医学（Alternative medicine），或说是替代医学（Complementary medicine），甚至第三医学（Third medicine），所以不是正统或主流医学（Main stream medicine），属于次等或非正式医学。最早开始听到别人这样称脊骨神经医学会感到无比的沮丧与气愤，总是急着想厘清和解释，但久而久之慢慢能够理解，这其实是语言解译上的误解。

✱ “疾病”和“疼痛”的过程，身体会记得清清楚楚

到底脊骨神经科医师用什么方法治疗，相信这是最多人关心与好奇的问题。根据美国脊医师职业准则（Guideline），脊医师会先询问有关病患的一些信息，包括病灶、病症、病史、伤害、住院或开刀纪录、是否服用任何药物、对什么过敏、家族病史（高血压、糖尿病、癌症、心血管病等）、休闲与活动（运动、睡眠品质、姿势体态），甚至饮食习惯与嗜好。

除了必须知道这些信息有助于判断，往往还得问得更清楚事情发生的过程，举例来说，出生时是自然产还是剖腹产？车祸是汽车还是机车？车速多快？有没有系安全带？跌倒怎么跌的？摔到哪一边？后续如何处理？这些问题看似相当繁琐复杂，甚至有些事隔多时早不复记忆，但你可能不相信，凡走过，你的身体都会记得清清楚楚，我们的身体写着一路走过生、老、病、死中点点滴滴的历史，只是，**出现的时间与方式不同，所以，任何信息及过程都可能与你的疼痛息息相关。**

记住，**脊医师在寻找和解决的，并非只是你疼痛与疾病的症状，而是“产生的真正原因”，人是不可被切割的整体，解决问题需从根本着手，**越据实清楚的描述让医师明白，越能尽快找出问题，解决或减轻身心的负担和痛苦。

✱ 为了身体健康，“精细诊疗”是必要的

靠着脊医师与病患详细的沟通，此时应当已可判断出至少八到九成问题发生在哪里，该怎么处理，倘若还有需要再进一步确定的情况，脊医师就会开立拍片或生化检验单据，让患者接受抽血、验尿、X 光、MRI 甚至其他的影像摄影，寻求更精细的证据，来辅佐证明诊断及判断正确性。

在确定病灶问题的原因后，脊医师会就各种检验报告，向病患解释诊断的结果，及针对问题进行各种正确治疗方法，病患可**配合脊医师才可执行的“脊椎矫正”和“物理运动治疗”等自然非侵入性的方式，让身体有足够的疗愈时间，慢**

慢增加抵抗与免疫力，让身体恢复原有的健康。

✿ 找出问题点，健康的生活指日可待

常常有人问我：**真的只要从姿势体态、运动、饮食、生活习惯，再配合医师矫治，既不用吃药也不需打针，就可以远离疼痛恢复健康了吗？我敢说对于70% ~ 80% 的人来说："是的，就那么简单。"** 当然，脊骨神经医学跟其他医学专科一样，并没有神奇的法力能够医治百病或所有人，而其实，许多伤害以及后续衍生出疾病的原因，往往都是因为我们无知的观念与习惯，长期累积下来，导致身体过度的疲累、劳损，才会让身体自愈的能力逐渐消失，慢慢形成伤害、疼痛终至疾病。

所以想要拥有健康的身心并不难，只要能找出问题背后真正的原因，用"自然方式"从原因着手，减轻身体内外的负担，改变不良习惯，并养成一种健康的生活态度，多多倾听身体的声音，培养更多对自己身体的意识，慢慢的，你将会发现身体的变化。

说得更简单一点儿，与其说脊医师在治疗你的病症，不如说脊医师在引起病症背后的原因里，教导你追寻一种正确生活的方法与态度，只要方法和态度对了，许多问题的解除皆是指日可待。

超过80%的人，骨盆有问题！

腰酸背痛、萝卜腿、穿高跟鞋，是警讯！

脊椎关节皆会错位，
若无适当且正确的矫治，
可能造成严重的后果，
许多疾病的起因皆与脊椎有关。

——
现代医学之父
希波克拉底 Hippocrates

"萝卜腿"原来跟骨盆有关！

现代人出现许多酸痛毛病，其中又以"骨盆"最容易出现问题。

骨盆包覆了泌尿、消化、生殖等器官，是身体能量的中心，更是整个躯干的支撑点，并且协调四肢的运作，因此只要骨盆出现歪斜、扭转、前倾、后倾等失衡现象，各种疼痛、疾病也会接踵而来。

女性较容易"骨盆歪斜"吗？

超过 80% 的人都经历过下背痛的困扰，而众多下背痛的原因却是来自骨盆失调（Pelvic Dysfuntion），其中，女性较男性来得多，为什么呢？以下大致分为三个重点来作说明：

重点	说明
肌肉	男性肌肉质量占体重的 1/2，而女性却只占了 1/3，所以男性较女性有力气支撑身体重量。
骨骼	男性的骨骼在质量与体积上，除了骨盆外，皆较女性来得紧密与粗壮。
生理	女性因生理期、怀孕期和更年期这个三阶段，体内荷尔蒙不同分泌变化的关系，会让身体骨骼、肌肉、韧带产生松弛与流失，使得稳定性稍逊于男性。

虽然，女性在"先天"整体上看似较为脆弱，骨盆的结构功能也较男性复杂且责任深远，一般说来女性应较男性的骨盆容易歪斜，但是，**可别忘了影响骨盆结构稳定与否的重要关键，来自"后天"姿势习惯的养成、肌肉的训练，及骨骼肌肉的营养等条件**，因此不见得女性一定会输给男性哟。

✱ “骨盆歪斜”身体可能发出的警讯有哪些？

类 型	出现症状
疼痛发炎	梨状肌症候群、坐骨神经痛、头痛、腰酸背痛、膝盖痛、椎间盘问题、双腿疼痛、下背紧绷、肌肉拉伤、韧带扭伤、臀痛脚麻等。
消化系统	便秘、肠胃不适、胀气等。
生殖系统	不孕、流产、性交障碍等。
泌尿系统	频尿、漏尿等。
关节骨骼	O 型腿、X 型腿、驼背、肩颈前推、脊椎弧度变小、关节磨损、脊椎错位、脊椎侧弯、扁平足等。
心理	失眠、紧张焦虑、急躁不耐烦、自信心不足、忧郁等。
呼吸	胸闷、喘气、心律不齐等。
女性疾病	不孕、经前症候群、胎位不正、耻骨联合疼痛。
其他问题	自律神经失调、慢性疲劳症候群。

萝卜腿、腰酸背痛，都是骨盆发出的求救信号！

骨盆前倾 急性子、孕妇、常穿高跟鞋、上围丰满的人，要注意！

走路速度过快，或是前方的重量大，不知不觉中让地心引力拉着身体向前倾斜，总是习惯鼻子带着头颈先进了家门，身体与双脚才陆续跟上，是造成骨盆前倾的主要错姿。

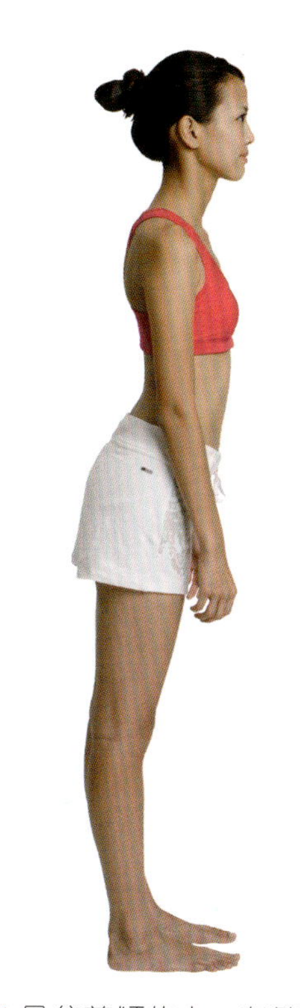

▲骨盆前倾的人，在外观上看起来臀部会特别翘。

身体会出现哪些问题？

驼背、胸闷、腰酸背痛、膝盖疼痛

这样的身体姿势，除了可能让头颈过度前推之外，肩膀与手臂也会跟着向内扭转，而造成胸椎内收，身体弯曲驼背，容易导致胸闷甚至呼吸不顺。

因腹部肌肉无力、背部肌肉过度用力的关系，在地心引力带动下，不只是骨盆前倾，整个身体的姿势体态，看起来就像是老态龙钟无精打采的大 C 字型。但身体为了避免失去平衡而跌倒，许多人会自然做出收腹夹臀的动作，来达到稳定骨盆及抬头挺胸，让自己不向前扑倒，更以为臀部还会因此变得更翘，甚至还刻意硬要推出所谓的“腰窝”，**让许多年轻辣妹产生性感翘臀的错觉，却不知是适得其反，反倒让臀部肌肉因长期夹缩而发炎产生疼痛。小心，你的骨盆已开始变形了！**

骨盆前倾的人会不自觉过度对身体做出以为是抬头挺胸，但却是推胸折腰的伤害，使得腰椎长期处于过度前推，造成腰部脊椎自然弯曲的弧度变大，不但增加脊椎压力，胃部前凸，腹部下垂，更让后背腰部的肌肉、韧带紧绷疼痛，甚至可能出现膝盖内转及膝盖过度伸展（Hyper-extension Knee）的状况，导致疼痛沿着膝盖、下肢到脚踝，产生习惯性拉伤、扭伤。骨盆前倾最主要是腹肌、臀肌及后腿肌肉可能太过无力，而身体前弯的髋屈肌肉群（Hip Flexor）、背肌及大腿内侧肌肉太过紧绷或过度收缩造成。

Dr.Wu 的专业解说

“骨盆前倾”的人，容易紧张焦虑！

骨盆前倾的人对事物容易急躁不耐烦，较重于感官享受却又需要极度的安全感，期待能够自我表达，但却因自信心不足，容易显得紧张焦虑，**较可能会产生肠胃不适、胸闷、喘气、椎间盘突出及腰酸背痛等问题。**

骨盆后倾 上班族、久坐族、懒骨头、小腹凸出的人，要注意！

久坐电脑族、沙发马铃薯族和小腹凸出的宅男宅女们，总是喜欢能躺就不坐，能坐就不站，甚至两脚豪气向外张开，造成后腿肌肉压迫紧绷，一躺就是大半天，一坐也过了一天，是造成骨盆后倾的主要错姿。

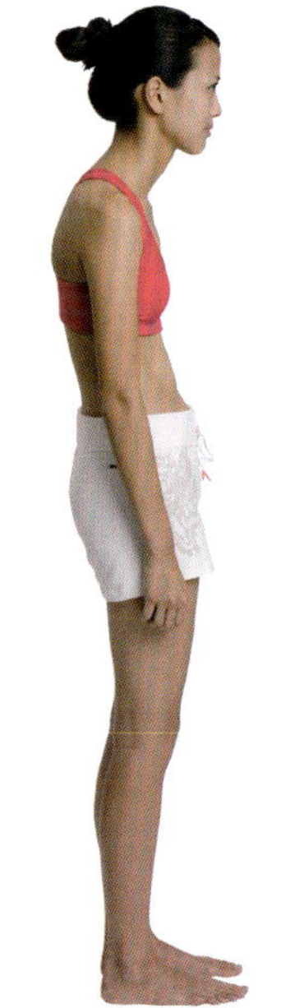

▲骨盆后倾的人在外观上小腹会比较突出。

身体会出现哪些问题？

驼背、O 型腿、走路外八

这样的身体姿势，除了可能让头颈过度前推之外，腰椎前弯（Lordosis）的曲线变直，让腹部凸出与臀部下垂，还可能会带动大腿骨内转，造成膝盖过度后顶，足弓坍塌形成 O 型腿的体态。

收腹夹臀、久坐、翘脚等不良坏习惯，会造成腹肌太过用力挤压，使臀部与后腿肌肉因地心引力向下、向后拉扯，造成肌肉过度收缩，将腰椎原本前弯（Lordosis）的曲线也跟着被拉直，丧失脊椎避震的功能，所以下半身变得紧绷。但头颈却为了看电脑屏幕，不得不被拉向前倾，胸椎只好跟着内缩驼背，如此一来，一头力量向上、向前牵动，另一头力量向下、向后拉扯，从骨盆到肩颈的整条背肌群整天处于拉扯与挤压之中，让屁股及双脚酸痛不已。

骨盆后倾的人常不自觉将重心向后压在脚跟与骨盆上，让身体在支点衔接及动作交换，如颈、肩关节、胸、腰与腰荐关节产生极大扭力和压力，导致关节活动不良，加速磨损与退化。**骨盆向后倾的人，因腰部脊椎的弧度跟着变得僵直，大幅降低关节活动力外，臀部也会显得平坦外扩，以及双脚僵硬，特别是后腿肌肉，容易带动大腿骨向外打开，走起路来呈现外八字。骨盆后倾紧绷与无力的肌肉和前倾相反。**

Dr.Wu 的专业解说

“骨盆后倾”的人，容易压抑情绪！

骨盆后倾的人通常不是坐得时间太久，就是身体不想用力或肌肉根本没力，因此容易让情绪产生堆积与过度压抑，对任何事物都显得意态阑珊、兴趣缺缺；相对的，**可能容易出现双腿受伤疼痛、生殖及泌尿器官困扰、下背紧绷、腰痛及头痛等问题。**

骨盆扭转　工程师、牙医、司机、模特儿、运动员，要注意！

经常使用单边作业的人，如家庭主妇、牙医师、运动员、司机、生产线作业员等，或是工程师，电脑放在桌子左右两边、同时得看好几台屏幕（金融界、电脑工程师、设计师）、放在桌角或侧边桌上，甚至常需要接听电话或工作需过度依赖鼠标的人，容易因身体转向单方，是造成“骨盆扭转歪斜”的错姿。

身体会出现哪些问题?

肌肉无力、脊椎错位、椎间盘突出、脊椎侧弯

牙医师、门诊医师或外科医师，因工作椅、手术台等设计或电脑摆设与面对病患角度的关系，常不得不三七步站或须扭转身体才能达成工作，或是必须经常开长途车，特别是开自排车的司机先生们，因排挡、油门和刹车几乎都使用右手右脚，容易让身体重心因疲劳而倒向右侧，造成骨盆扭转歪斜。

伸展台上的模特儿。为了展现身体玲珑曲线，模特儿们不仅得常穿高跟鞋，身体还得摆出扭腰转向的动作，或呈现三七步站法，也容易让骨盆扭转歪斜。如果你是喜爱单边运动的人，如：高尔夫球、羽毛球、网球、台球、标枪、铅球等，**因重复性过度使用单侧力量，很容易让单边的肌肉疲劳且产生伤害，相对另外一边因无规律运动训练，左右两边肌耐力不平衡，就容易带动骨盆跟着倾斜扭转。**

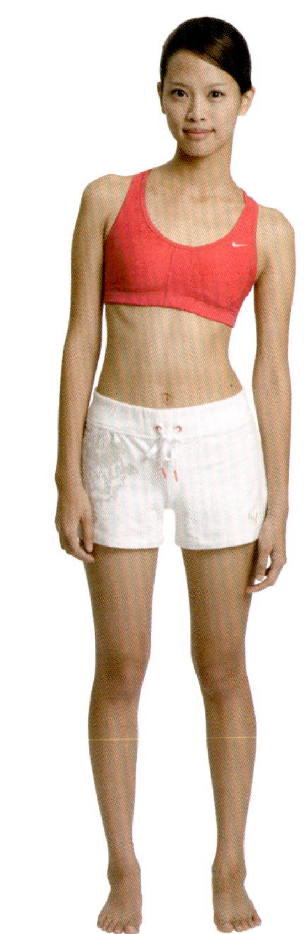

▲骨盆扭转的人，重心会特别倾向一边，且整体看起来也是斜斜的。

甚至，如果你是习惯翘脚或皮夹总爱放在裤子后方口袋的人，不管翘左、翘右，或着皮夹放在哪一边，都会造成身体转向或单边骨盆被垫高，两者情况皆会造成骨盆歪斜扭转。

Dr.Wu 的专业解说

“骨盆扭转”的人容易出现严重消化问题！

当身体长期转向造成骨盆歪斜扭转，**不仅会产生腰酸背痛、肌肉无力、脊椎错位、椎间盘突出、脊椎侧弯、肌肉拉伤、韧带扭伤、臀痛脚麻**，甚至会严重引发更多消化、生殖与泌尿器官方面的问题。

上述针对骨盆歪斜的描述并非绝对，毕竟每个人的身体及后天历练所累积的经验不同，表达于姿势体态的状况当然也不会完全一样。

骨盆倾斜可能发生在单侧，也可能双边同时出现；可能前（后）倾，也可能一高一低甚至旋转，完全取决于每个人内心的想法及外在使用身体力学的方式不同。

若想要从根本着手找到真正让身体不适或疼痛的原因，就必须从倾听身体的声音，培养足够的觉察性，找回身体自我的主导权开始。

✱“趴睡”，只会越睡越疲劳，越睡越酸痛！

“趴睡”是最常见的错误睡姿，虽然在过去以为此睡姿会让人产生安全感，但其实趴睡对脊椎 S 型凹与凸曲线产生完全相反的力量，等于将身体反折，**不只使头颈部单侧过度扭转，脊椎关节受到强大压力、肌肉紧绷疲乏，更让体内脏器受到无比的压迫，另外骨盆常在睡觉的过程中，因睡姿不良产生歪斜扭转，导致一觉醒来不但没有精神饱满的感觉，只会越睡越疲劳，越睡越酸痛。**众多研究早已证实趴睡是造成婴幼儿呼吸中止猝死症的主因。

✱正确睡姿才能避免骨盆歪斜，保持身体稳定

正确的“侧躺”要点

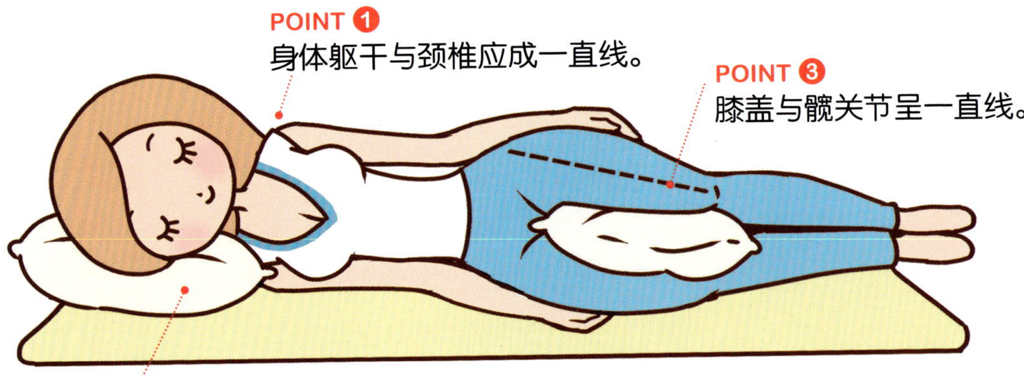

正确的“平躺”要点

POINT ❷
将枕头放置在“头颈”下方，填满颈部空隙，支撑头部并放松肩膀。

POINT ❶
应选择支撑力佳与透气良好的枕头。

POINT ❸
让双膝垫高得以支撑，借此放松腰部两侧肌肉，保持骨盆平正。

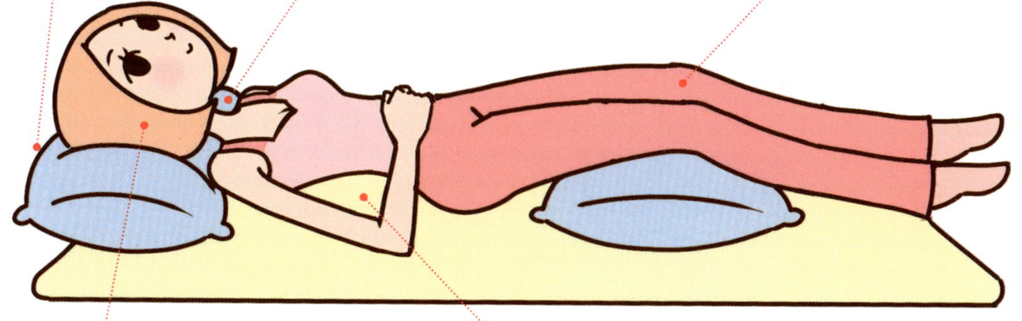

POINT ❹
身体与床垫接触的位置在头部、背部胸椎与臀部三者向后凸起的弧度上。

POINT ❺
颈椎、腰椎应与床垫间产生些许空隙。

✱ “米老鼠”脸庞的骨盆架构

两块髂骨左右各一边，在上方藉由荐髂关节与荐骨连结，形成骨盆的上半部；加入下方左右两边耻骨，藉由耻骨联合将左右两边坐骨连结，则完成了骨盆的下半部，两者结合为一，形成整个紧密环状如碗盆的结构，这就是我们的骨盆。

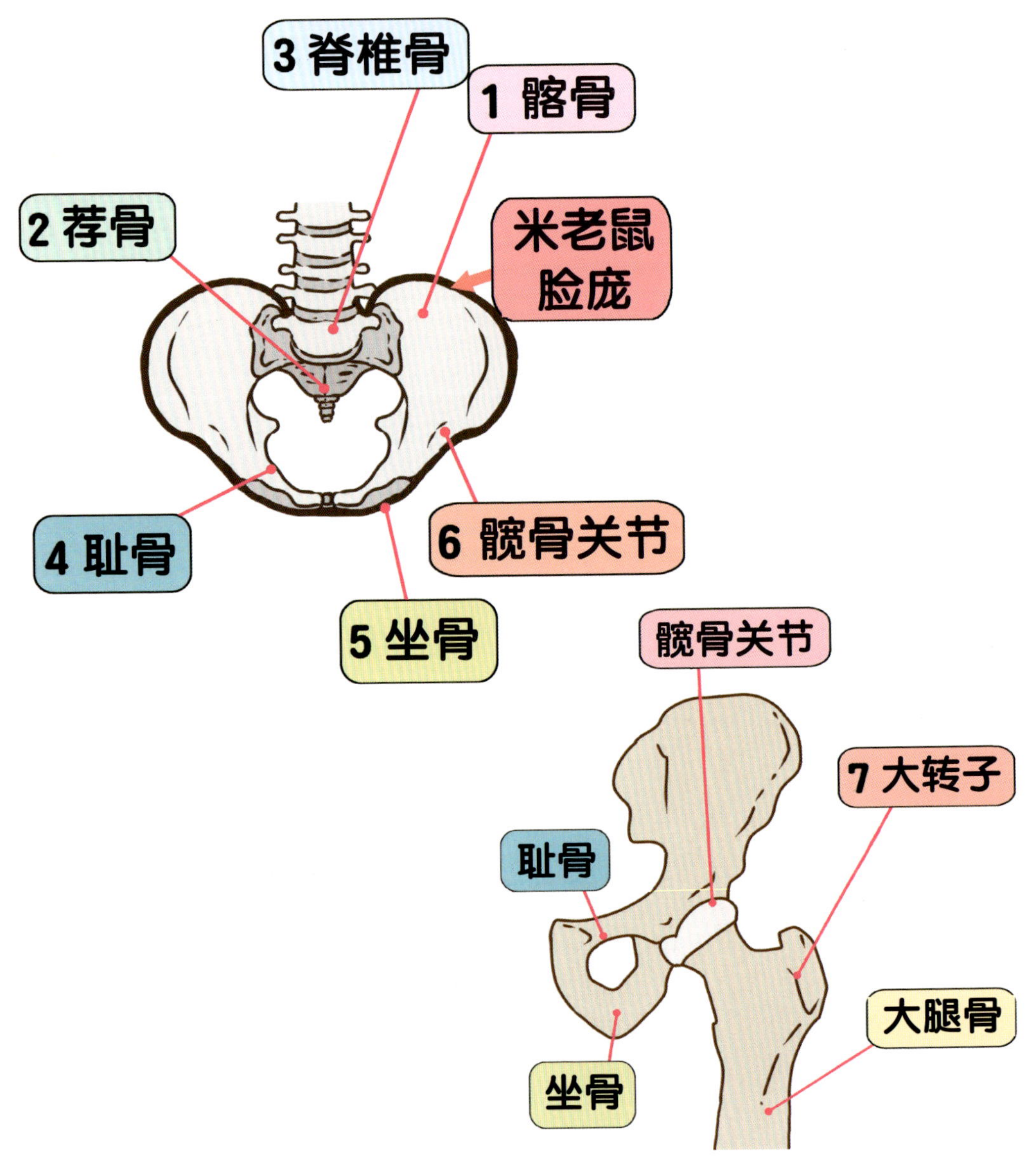

❶ 髂骨 Ilium

骨盆的结构，从前方看去像一张有趣又可爱，极似米老鼠脸庞的桌子。左右两侧大大的耳朵称为“髂骨”。

❷ 荐骨 Sacrum

在米老鼠这张桌面上，接近眉心、眼睛和鼻子的地方，放了一个三角形的冰激凌甜筒，那块三角形的骨骼叫做荐骨。

❸ 脊椎骨 Vertebrae

甜筒里面一球一球堆叠起来的冰激凌，正是我们一节一节的“脊椎骨”。

❹ 耻骨 Pubis

沿着米老鼠脸颊到下巴都是“耻骨”的范围。左右两边耻骨的终点，也就是米老鼠的下巴，系上一个可爱的小领结，那是耻骨联合（Pubic Symphysis）。

❺ 坐骨 Ischium

领结左右两侧的蝴蝶结，就是我们坐下与椅垫或地面接触的“坐骨”。

❻ 髋骨关节 Hip Joint

一张稳固可承重的桌子，不仅需要平整的桌面，最重要是要有坚固牢靠可支撑的桌脚。因此，在骨盆左右两侧下方各有个关节窝（Acetabulum），像是米老鼠充满喜感笑容中，两个浓浓深邃的酒窝，正是“髋骨关节”的所在。

❼ 大转子 Greater Trochanter

髋骨关节不偏不倚吸入双腿髋骨（Hip bone）的“大转子”，衔接着我们两只粗壮的大腿骨（Femur），使得骨盆这张桌子有了支撑的桌脚，也因为双腿的支撑与活动让整个躯干得以平衡站立且行走。

骨盆的重要功能，不可不知！

骨盆，是孕育生命能量起源的中心，在整个“身体结构”“生理机能”与“心灵支持”中皆扮演着相当重要的角色，具有以下重要的功能：

骨骼结构

1. 支撑身体的重心

骨盆承上与脊椎躯干连结，支撑整个上半身的重量、稳定躯干做重心的转换，负责上半部身体的行动力。

2. 下半身活动的枢纽

骨盆启下与双腿、双脚相接，带动下半身双腿自由活动，负责下半肢体方向与动作决策。

生理结构

3. 内脏器官的守护

骨盆功用在于保护包覆的消化器官，如大肠、小肠等；泌尿器官如膀胱、泌尿道；生殖器官如子宫、卵巢等，并点燃躯干和血肉间的灵魂，赋予了生命延续的动力。

心灵支持

4. 神经血管传递的关键

骨盆位处承上启下的重要位置，所以骨盆结构与功能是否良好，还包含了活动度与柔软度，会直接或间接影响骨盆周遭神经、血管传递的流畅或受阻，是心灵支持上非常重要的关键。

✱ 骨盆也会动？骨盆结构中的四大重要关节

骨盆是由不同的骨骼连结形成的一个环状结构，因此在任何两块骨骼衔接处就形成了关节。关节最主要的功能是为了带动骨骼之间的活动力与相互的支撑。依照不同关节的类型，关节可活动的角度也有所不同。

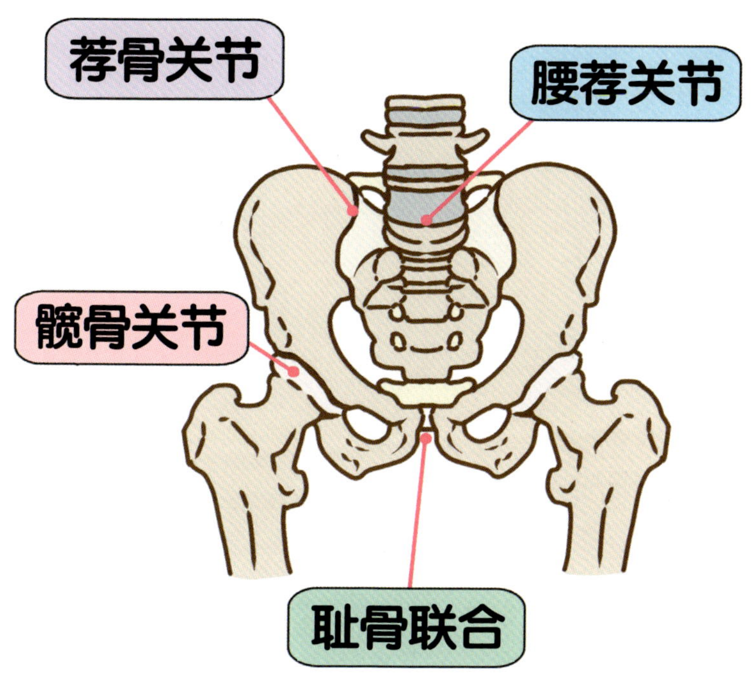

承受压力最大的“荐髂关节”Sacroiliac joint

“男性”退化的速度较“女性”快速

▶ 位置

此关节位于骨盆后方，顾名思义在荐骨左右两边与髂骨衔接之处，借助滑动与旋动的形态活动。荐髂骨关节活动角度并不大，最多也不过只有3 ～ 5度。

▶ 重要功能

荐髂关节在结构上身居险要，不但得负起支撑身体重量的责任，更是掌管躯干重心平衡的枢纽，因此是全身承受压力最大的一个关节，**对于帮助骨盆扮演平衡体态、支撑躯干与保护器官有着举足轻重的角色。**

▶ 其他影响

随着年纪增长，**男性荐髂关节的活动力与角度退化，也会较女性来得快速，**而女性则因为生产与生理期荷尔蒙的变化，使得活动角度较男性来得大，相对也较不稳定。

避免骨盆变形断裂的“耻骨联合”Pubic symphysis

避震缓冲的关键，加倍保护骨盆内器官

▶ 位置

这是骨盆环状结构中另一个重要的关节。它位于腹部末端，骨盆及膀胱正前方下侧与生殖器官正上方，也就是上述所说米老鼠的领结。

▶ 重要功能

此关节不同于一般关节之处在于中间是一块纤维软骨的厚垫，这是让下半部骨盆环状结构更加紧密、稳定，不致摇晃的主要关键。并且此关节还具有避震缓冲的功用，**可在不慎碰撞与跌倒时，减少直接冲撞骨盆结构的力道，**避免造成骨盆轻易受外力挤压断裂或变形，可更加安全保护藏于骨盆内在的器官。

▶ 其他影响

腹部与大腿内侧肌肉许多附着于此关节上，但此关节活动度却极微小，唯有怀孕期间，体内分泌松弛素（Relaxin）的荷尔蒙，让韧带变得柔软且容易伸展，是为了容易分娩，但也因此影响耻骨联合稳定的程度。

直接影响骨盆位置的“髋骨关节”Hip Joint

身体重心转换的重要枢纽

▶ 位置

髋骨关节位于骨盆中耻骨左右两侧，与强而有力的大腿骨衔接于此，形成一

个活动力十足的球窝关节（Ball-and-Socket Joint）。

▶ 重要功能

允许双腿在足以稳定骨盆与支撑身体重量的同时，仍可以做出追、赶、跑、跳、蹦的各种动作，**此关节是整个身体上半部与下半部重心力量转换的枢纽。**

▶ 其他影响

当双腿动作时，会带动髋骨关节直接影响骨盆的位置，好比当大腿伸直抬起，骨盆会跟着向后倾，带动身体向后；大腿向外打开时，骨盆会被向侧边抬高，身体则被带动向侧倒，等等。

传递骨盆与躯干活动的“腰荐关节”Lumbosacral Joint

最常引起下背痛、腰痛的地方

▶ 位置

位于腰部第五节脊椎骨与骨盆中的荐骨之间，虽然此关节不在骨盆区块内，但却藉由数条韧带将腰部脊椎骨与骨盆间紧密相连结合。

▶ 重要功能

这是上半身躯干与下半身肢体（以骨盆为分界）的唯一交界处，**也因此让骨盆与躯干之间的动作及力量的传递能够更加相辅相成。**举例来说，当跳舞随着音乐扭腰的同时，往往也会不自主跟着摆臀，甚至摇晃身体，产生一种和谐的律动。除非刻意，否则很难只见到臀部摆动扭转，却不见躯干随之动作。

▶ 其他影响

另外像弯腰搬运重物，在转身提起的刹那间，双脚、骨盆与脊椎之间施力不当或协调不良，让身体的动作只完成一半或靠着蛮力进行，但往往却是意外伤害收场，最常见就是韧带扭伤或肌肉拉伤，因此，**腰荐关节也是最常见下背疼痛发生的地方。**

骨盆的肌肉是赋予身体活动的灵魂

如果说骨盆的骨骼架构（Bone）是支撑起整个身体上半部与下半部躯干的枢纽，那么，围绕在骨盆周遭的肌肉群则是赋予身体上半部与下半部活动的灵魂。

首先，想象我们的骨盆像个大碗，碗里放了一只压力锅：

- **锅盖**

是“**横膈膜连接着肋骨与脊椎**”，带领我们呼吸的同时肋骨也会协助一起活动。

- **锅身前方**

是腹肌群连接着脊椎、骨盆及耻骨，让身体自由自在前弯、侧倾与扭转活动的当下，**稳定身体的躯干架构与保护脊椎及脏器。**更重要的是让我们在站、走、跑、跳时，足以维持正确的姿势体态。

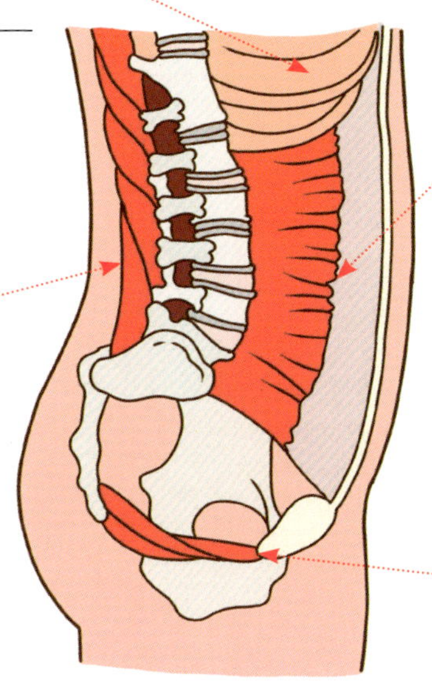

- **锅身后方**

是背肌群连接着骨盆与脊椎，带动身体后仰、侧倾及扭转时，与腹肌相互扶持，更相互制衡，这就是我们常说的**核心肌肉群**之一。

- **锅底**

是骨盆底肌肉群连接着尾骶骨及耻骨，支撑我们的**泌尿与生殖器官。**

锅的上下前后紧密覆盖，彼此扶持也相互制衡，保持锅内也就是腹腔绝对恒定的压力，如此锅里的脏器与脊椎在每天活动中，才不会在腹腔内东摇西晃，脊椎与骨盆间的骨骼架构也不至于歪斜，帮助身体维持正确的姿势体态，因此这些肌肉又被称为“姿势肌肉”（Posture muscles）。

骨盆这个大碗承载着压力锅，衔接起身体上半部生命的脉动，再藉由我们强而有力的双脚支撑，合成整个身体的架构，并且开启人类能够独立双脚站立、行走与跑跳的独特生命力。

骨盆也有神经？！

对骨盆区块来说最大条的神经就是“坐骨神经”（Siatic）和最重要掌管器官运作的自律神经系统（Autonomic nerve system，ANS）中的“副交感神经”。试着将复杂难懂的自律神经系统想成一个家，家里发号施令的老大，是爸爸也就是大脑，家中还住着急惊风的交感神经（哥哥）与慢郎中的副交感神经（弟弟）。

每当刺激压力一来，交感神经（哥哥）就神经兮兮地通知身体做出呼吸急促、心跳加速、血压上升、汗狂飙、瞳孔放大，连肾上腺素也都跟着飙高，总是让身体处在压力与警觉之中，一副随时启动要跑路或备战的状态，**主要负责器官亢奋的行为。相反的，与交感神经（哥哥）有着南辕北辙个性，随时老神在在的副交感神经（弟弟），则是负责让身体血管、心跳、血压以及器官能够放松稳定，不疾不徐的运作。**

兄弟俩生活在同一个屋檐下，做着性质相同，功能却相反的工作。倘若交感与副交感神经能和睦相处，体内器官就能在兴奋与放松、活动与休息间相互抑制拮抗，取得平衡稳定的正常运作。

自律神经失调，“骨盆倾斜”是明显祸首

副交感神经分布最广、最密集除了颅部就在“骨盆”，尤其从骨盆荐椎第二到第四节间，因此又称为颅骨氐系统（Craniosacral system），在和交感神经汇集后一同组成“骨盆神经丛”（Pelvic plexus），**负责支配骨盆底肌肉的收缩与放松，掌控着生殖、消化与排泄、泌尿器官功能运作。**

坐骨神经与骨盆有着密不可分的关系，从腰椎神经延伸出来穿过臀部到膝盖后方。坐骨神经支配着小腿及脚部全部的肌肉动作。**因此，骨盆的稳定性如何，牵动着此处自主神经与坐骨神经的功能运作，影响骨盆腔内的器官与整个身体的健康。**

当硬体（骨骼、关节）与软体（肌肉、韧带、神经）条件能维持平衡时，桌面上大碗（骨盆）内的水则不会翻漏出来酿成灾难；相反的，不论先天骨骼在结构平衡及发育，或者后天在姿势上如起、坐、站、卧与生活习惯中，甚至创伤、跌倒、车祸、怀孕生产等因素，使得身体在软、硬体间无法维持原有的平衡稳定时，**首当其冲最明显的就是"骨盆倾斜"，腰酸背痛的伤害，肌肉、关节的失调和退化，甚至其他内脏器官病变都可能由此而生。**因此，骨盆平衡稳定对于整体健康与体态发展有着密切的关系。

"骨盆错位"可能造成"不孕"?!

案例分析 小莉与丁丁就像大多数的年轻夫妻，从早忙到晚，完全没有时间喘气，下班后夫妻俩只想瘫在床上呼呼大睡，偶尔才想到"做人"的道理。只是结婚五年了，小莉的肚子却一点儿消息也没有。

终于，皇天不负苦心人，小莉怀孕了，丁丁及家人们欣喜若狂之余，更是超级小心呵护即将来临的小生命，但命运的安排总是难以预料，在小莉怀孕八个月的某天夜里，子宫突然收缩不断，丁丁赶紧送小莉去医院，就这样，孩子没有了。小莉与丁丁再次受到沉重的打击，现在只要提起生小孩，小莉就像是惊弓之鸟一样恐惧。丁丁与小莉之间的关系也渐渐从热情走向平淡，谁都不想去碰触心里那个最痛的遗憾。

✱ 忽略错误生活，可能导致"骨盆歪斜"

某日，小莉因腰酸背痛前来寻求协助，我从小莉的健康情况与习惯发现，她是个彻底现代的 OL，亮丽外表下蹬着三五寸的高跟鞋，三餐营养不均的外食不是炸就是烤，最爱咖啡、浓茶，几乎不喝白开水，开会时永远处在二手烟的环境中，白天忙碌工作，晚上跟周公报到，周末根本懒得出门，完全毫无运动可言。

✱ 腰酸背痛、生理痛，代表你的身体在喊救命！

小莉的体态因“长期穿高跟鞋”与“使用电脑”，造成身体为对抗地心引力而改变重心，肩颈上提、头部前倾、双肩内转，双膝过度后顶锁紧，使得后腿肌紧绷，**加上长时间坐姿与翘脚的习惯，上背部出现驼背，导致骨盆明显一前一后倾斜，左右还一高一低。**看到这样的体态，我随口问小莉是否常有胸闷，无法深呼吸的困扰，骨节关节错位会使肌肉左右两边用力不均且疲劳无力，所以才常腰酸背痛。我又问小莉生理期是否不顺或着生理痛，嗯……甚至会比较难受孕的困扰。语毕，只见小莉的脸仿佛被雷打到一阵铁青，顿时我也吓了一跳，此时，小莉才娓娓道出自己不孕尔后又流产的故事。

Dr.Wu 的贴心评鉴

“骨盆歪斜不稳”牵动子宫，是主因之一

导致不孕及疼痛的原因很多，生活习惯、姿势不良、营养失衡、创伤、压力、脱水、污染等因素，都会造成身体结构上的伤害，**日积月累下来，体态结构的变化会影响肌肉甚至神经系统正常的运作，产生疼痛或衍生其他症状，导致生理功能失调。**结构性伤害与症状发生是长时间的累积，现今“头痛医头，脚痛医脚”以症状为导向的医疗方式，往往忽略了结构机械性（Mechanical）伤害导致生理功能失调所产生破坏的威力。

就小莉的情况来说，不孕接着怀孕后期流产意味着问题可能来自“骨盆”的结构，因为我们的尾骨衔接着骨盆底肌肉，与连接子宫的韧带直接交错，**所以任何骨盆结构的歪斜扭转及错位，都可能会透过骨盆底肌肉，造成子宫扭转或受到过大拉扯的压力，使卵子难以着床受孕**，即使很幸运怀孕了，在怀孕初期，子宫的韧带可能还感受不到拉扯（Strain）的压力，但随着肚里宝宝日渐长大，骨盆关节间韧带及骨盆底肌肉会因松弛素分泌而不如以往来得有力气支撑，导致骨盆稳定性大不如前，间接牵动骨盆和肌肉受压，可能被扭转连接子宫的韧带，使得渐渐无法承受不当的重量与压力而导致后期流产。说完，只见小莉两行泪从脸颊滑落，我的心也跟着揪了起来。

改善重点

✱ “运动”加上“正确生活”，不孕是可以避免的

我希望能藉由脊椎矫治让小莉骨盆错位的关节回复原来的位置，让受到不当压力拉扯的肌肉、韧带及自律神经恢复正常运作，再请小莉与丁丁一起从生活习惯和饮食上改变，包括：

★ **少穿高跟鞋、远离二手烟及环境污染。**

★ **多喝白开水。**

★ **提高蔬果比例，如：葡萄干、花椰菜、番茄、深绿色蔬菜、柑橘、枣类。**

★ **多食用维生素C、E，及锌、铜、硒、镁、钾含量高的食物，如，蚵、螺、鱼、橄榄、榛果。**

★ **多做骨盆操及彼拉提斯的运动，加强肌肉力量，以稳定骨盆结构。**

种种的改变，再配合妇产科医师的检查与指示，多管齐下，现在，小莉与丁丁已经是两个胖宝宝的爸妈了，从他们脸上可以看到当爸妈的骄傲与喜悦。

乱坐乱躺，竟然造成 MC 不顺？

案例分析 没有人知道“经前症候群”发生的原因，但可能跟体内荷尔蒙中“雌激素”与“黄体素”在经期来临前 7 ～ 14 天的分泌比例有关。相信各位女性们在经期来临前，身体会出现紧张、忧郁、焦躁、疲倦、腹部及乳房肿胀、便秘或腹泻、腰酸背痛、头痛、喜好甜食等现象，还有，就是怎么都看不顺眼你家那口子，顿时，帅哥也会变猪头，“阿瑟”就是最无辜的写照。

听见电话另一端“@#%&”的惊声尖叫，帅哥阿瑟黯然挂下电话，满脸通红，搔搔头，露出无奈的傻笑对同事说：“真不好意思，我家 Annie 每个月的隐疾又发作了……”同事 Winne 投以同情的眼光，感同身受地点点头，接着，她走去拍拍阿瑟的肩膀，悄悄对他说：“这个问题，恐怕跟骨盆有关，但是，我有办法。”顿时，只见阿瑟眼睛一亮，嘴角上扬，详细追问才知道，原来，Winne 也曾因为“经前症候群”而深受其扰。

✱ “骨盆错位”，远离安心入睡的日子已经很久了！

阿瑟体贴地带着 Annie 前来寻求协助。阿瑟忐忑又焦虑地请我看 Annie 的骨盆到底出了什么问题，让她饱受经前症候群之苦。我一脸疑惑，不明白为什么要我直接先从骨盆看起，在得知来意后，我先请两位喘口气坐下，详细询问 Annie 整个身体状况，得先排除其他更严重可能诱发经前症候群的病理因素，问她妈妈和姐妹们是否也饱受其苦。

我再请 Annie 站在镜子前，一眼就看出她的骨盆两边高低不同，甚至还前、后倾斜。接着当她趴在矫治台上时发现，骨盆倾斜倒向右边，造成 Annie 产生功能性的长短脚。**两边荐髂关节也错位，关节卡紧到动弹不得，因此造成下背两侧的竖直肌与肩颈肌肉连带被绷紧，难怪 Annie 会抱怨腰酸背痛。**

再进一步咨询得知，Annie 整天都坐着上班，连下班看电视也是懒洋洋侧躺在沙发上。接着我询问 Annie：

“是否会担心肥胖，而常以甜分极高的食物取代正餐？”

“是否常感觉精神差，注意力无法集中，必须靠喝咖啡或浓茶来提神？”

“会不会感觉心里有颗跳豆，每天都在紧张焦虑中度过？”

“每天晚上都睡不好，睡眠品质差，日子过得不开心？”

当我说完，只见阿瑟与 Annie 瞪大了眼看着我，一副不可思议的样子。我笑笑地说，别以为我是神棍在算命，从你的肢形体态与身体出现的症状，要推断出你的问题一点儿也不难，身体本来就会说话，只是，你懂不懂得聆听罢了。

Dr.Wu 的贴心评鉴

“雌激素分泌过多”，是原因之一

就医学上来说，Annie“乱坐乱躺”的习惯让身体长期扭曲，造成骨盆的荐髂关节产生错位（Subluxation），当生理期来或来临前，子宫、卵巢和周遭腺体分泌出的化学物质会藉由神经、血管传递至肝脏分解，若此时神经因关节错位而受到干扰，这些物质就无法顺利传递到肝脏而导致堆积在原处。

当堆积的量达到异常程度，身体为了舒解阻塞的状况，细胞便开始病变。日积月累下来，若“雌激素”与“黄体素”分泌比例提高，体内的化学物质改变，就会影响到脑部与神经系统间的沟通，能抑制疼痛的脑内啡（Endorphin）就会降低，脑内啡降低时，身体对疼痛的感觉就会变得明显。

再者，**体内荷尔蒙的雌激素与黄体素会因生理期变化，让骨盆关节周遭的肌肉开始产生收缩，但若骨盆歪斜或错位，让关节的活动不良，就会导致两边肌肉、韧带变得紧绷与拉扯甚至疼痛**。另外，若雌激素分泌较多会降低体内维生素B_6的含量，使心理（情）在周期前受到震荡波动，如果有服用避孕药或雌激素药物习惯，症状会更加明显。导致Annie发生经前症候群的原因也可能如此，脊骨神经科医师称这样由体态结构改变，而影响内脏器官功能运作的现象为“体节内脏反射”（Somatovisceral reflex）。

改善重点

多管齐下，不用吃药打针也可以改善

除了利用脊椎矫治方式改正Annie的歪斜骨盆及错位关节，并且让长期受干扰的自律神经得到舒解，睡眠品质也因此改善，此外还有以下建议：

★ **多摄取高纤蔬果，少摄取动物性脂肪食物、油炸及碳水化合物，来帮助降低雌激素的含量。**

★ **维生素可补充钙、镁、B_6、E、亚麻油酸（Linolenic acid）。**

★ **可多摄取黑升麻、月见草油、当归、红花苜蓿、大豆异黄酮素等保健食品，经研究证实都能帮助经前症候群，平衡荷尔蒙，缓解燥热、心神不宁等现象。**

对女性朋友很好的保健食品

黑升麻 Black Cohosh | 能改善女性妇科问题

▶功能

黑升麻主要含有丰富配糖体、芒柄花素的异黄酮素以及氨基酸、脂肪酸等，用来帮助止痛、消炎、消肿，具有温和镇定的成分，早期美洲印第安人广泛利用黑升麻治疗从响尾蛇叮咬、气喘镇咳到各种风湿肿痛发炎等症状。直到十九世纪欧、美洲科学家经过无数研究与实证报告发现，**黑升麻对于“女性妇科问题”具有相当良好的功效，如：经前症候群或更年期引发的潮红、燥热、失眠、烦躁、紧张，以及催经、舒缓经痛等。**

▶建议食用剂量

干草根——300-2,000mg / 天

粉末萃取——250mg x 3 / 天

浓缩液 1：20——40mg / 天

▶注意事项

- 连续食用不应超过6个月。
- 不得超过每日建议用量。
- 因个人体质不同可能产生：轻微腹痛、腹泻、恶心。
- 孕妇8个月前不得食用，避免子宫宫缩造成早产。

月见草油 Evening Primrose | 能良好调节荷尔蒙分泌量

▶功能

月见草油主要含有丰富的γ-次亚麻油酸，是制造人体中好的前列腺素PGE1及降低坏的前列腺素PGE2的必需脂肪酸。当提升好的前列腺素PGE1时，能够帮助身体减轻疼痛、放松肌肉及降缓发炎，并借此调节动情激素和睾固酮等性荷尔蒙的分泌量。

早期主要用来治疗糖尿病和皮肤病如湿疹引起的红肿、发痒及干燥。之后科学家研究发现**月见草油中成分对于因荷尔蒙失调所产生的经前症候群，如：头痛、胸部肿胀、下腹闷痛、发热等，具有相当良好的调节和舒缓功效。**

▶建议食用剂量

绝大多数研究建议食用3000~6000mg的月见草油在体内可以转换成270~5400mg的γ-次亚麻油。为提升PGE1的功效，建议搭配其他维生素及矿物质，如：镁、锌、维生素C及维生素B_6。

HEXANE-FREE
EVENING
PRIMROSE OIL
1,350 MG (GLA YIELD: 135 MG)
120 SOFTGELS

▶注意事项

- 患有子宫肌瘤和乳房腺肌瘤等妇女应禁止食用。
- 服用抗癫痫药物及乳癌诺瓦得士锭（Tamoxifen）药物者，应特别留意，最好在使用前先咨询专业医疗人员。

当归 Dong Quai | 预防贫血及更年期燥热

▶功能

当归含丰富维生素A、B_{12}和E及矿物质，在亚洲饮食文化与医疗上已有超过

2000年的历史，用途相当广泛，从增进血液循环到肝脏和呼吸系统疾病都不陌生，特别是对女性生理期和妇科问题，皆有相当良好的功效。自古以来，就一直利用当归来调经且用它来舒缓因子宫收缩所引起的经痛，**预防贫血及更年期因荷尔蒙失调引发的潮红、燥热等等困扰，故当归又有“女性人参”的美誉。**

▶建议食用剂量

3000~4000mg / 天

▶注意事项

当归在使用上非常安全，唯独正在服用消炎药、利尿剂、怀孕及哺乳中妇女应避免食用。

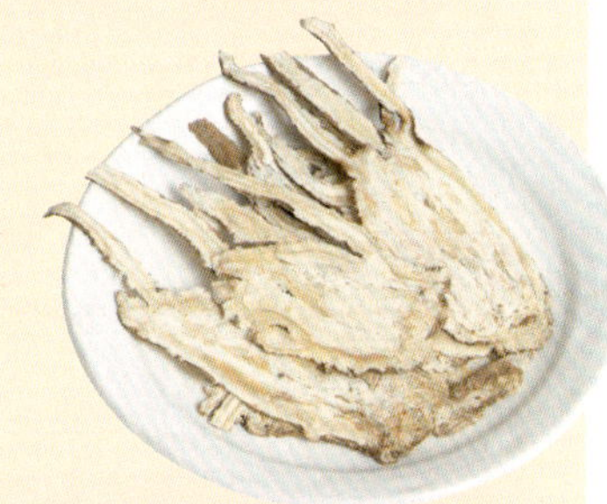

红花苜蓿 Red Clover | 活性异黄酮含量最高

▶功能

红花苜蓿含有丰富的植物性异黄酮素及钙、镁、磷、钾、叶酸和维生素C，不仅可清血解毒、解热消炎，**对于女性经期症候群期的经痛、经期失调、头痛，更年期所产生的热潮红、皮肤干燥与增进骨质密度具有相当良好的功效，是自然界中活性异黄酮含量最高的天然植物。**

▶建议食用剂量

50~150 mg，2~3次 / 天

▶注意事项

没有证实研究指出严重的副作用，但是对于有过妇科癌症（乳癌、子宫颈癌）或子宫肌瘤等病史者，以及孕妇和哺乳中妇女，强烈建议不可过量食用，并可以进一步与专业医疗人员咨询。

当然，运动扮演着重要的角色。**每天规律做骨盆操及彼拉提斯，可帮助加强骨盆的稳定与核心肌群耐力，配合正确良好的呼吸可促进腺体的分泌，平衡受到过度刺激的神经系统，达到舒解压力的目的。**唯有内外的配合，持之以恒，才能使得身体维持平衡稳定的健康。

一年后，我接到阿瑟与Annie寄来的红炸弹，他们要结婚了。阿瑟体贴的叮咛和陪伴，让Annie经前症候群的困扰控制得很好。现在，他们比以前更甜蜜，阿瑟再也不担心会变猪头了，他是Annie心中永远的帅哥。

穿高跟鞋，腰椎承受 7 倍压力

案例分析 Jennifer 说自己实在太爱美了，宁愿忍着全身酸痛和脚破起泡的折磨，每天不管是上班、逛街、约会、郊游还是爬山，甚至在 Pub 跳舞都一定要穿着高跟鞋，常常一整天穿下来就是十几个小时，直到某日她突然腰挺不直，脚痛麻得无法站立，走起路来还一跛一跛，才惊觉事态严重，前来寻求帮助，咿咿哎哎不停地喊痛。

鞋跟越高，将骨盆往前推的弧度就越大

美国曾经针对 620 位女性进行问卷调查，超过 90% 以上女性都抱怨穿高跟鞋会带来许多疼痛与伤害，而且，这些伤害的多寡，与鞋子的价格无关，甚至有时越贵的鞋反而越难走，疼痛伤害也越大。

就高跟鞋而言，后跟越高越能展现出性感曲线，但相对的，也越会将骨盆不断向前推动，大幅增加腰椎弯曲的弧度，让身体承受巨大的压力，**根据研究指出，高跟鞋的后跟每增加一寸，腰椎需要承受的压力就增加至少体重的 7 ~ 10 倍。**高跟鞋不仅带来许多身体脊椎、肌肉、韧带，甚至全身腰酸背痛的问题，更严重的，高跟鞋改变了我们走路习惯及身体用力的方式，造成严重的足部问题，当双脚无法稳定站立时，不仅双脚本身产生伤害，甚至由外而内影响全身的健康。

Dr.Wu 的贴心评鉴

习惯将膝盖往后顶，容易形成 O 型腿

Jennifer穿高跟鞋时，总习惯将“膝盖锁紧往后顶”，使膝盖过度伸直，而且当鞋子越高，身体的重心会落在前脚掌，足弓慢慢也就坍塌，让踝关节的稳定性变差，提高了“脚踝内旋扭伤”的危险性。

此时，大腿骨不得不向内转，与小腿和脚踝成反方向来增加平衡，但反而让膝关节内转，形成“O型腿”，连带增加膝关节内侧的扭力及压力，如此一来骨盆的压力变大，最终肌肉疲乏导致稳定性失调，稳定性失调，**导致荐骼骨关节错位，这就是Jennifer产生腰酸背痛的原因，若不正视这个问题，将来甚至还可能影响生育。**

改善重点

利用身体的自愈能力改善

请Jennifer趴在矫治台上，先利用手法的方式将错位的脊椎关节调整回复，先增加“关节活动力”，长期受到挤压而发炎的神经、肌肉、韧带因此得到舒解，疼痛感就此减轻许多。再利用物理原理让肌肉与韧带消炎，如此，身体疗愈的机制就会开始启动。除了请Jennifer回家继续冰敷一个星期，另外还要注意下列事项：

- ★ **少吃油炸、速食、甜食及含咖啡因饮料。**
- ★ **避免吸烟与饮酒。**
- ★ **增加白开水的摄取。**
- ★ **建议服用凤梨酵素、葡萄糖胺与鱼油。**
- ★ **多吃含有橄榄油、亚麻子油、南瓜、绿色蔬菜、核果等食物。**
- ★ **停止穿高跟鞋至少三个月。**
- ★ **每天做脚踝运动，加强活动脚底肌肉与关节，增加脚踝稳定性。**
- ★ **定期做骨盆操，重新训练骨盆稳定性与肌耐力。**

✿ 粗盐（沐浴盐）水泡脚，可消除水肿不适

长时间穿高跟鞋，容易造成下肢血液水肿、循环不良，脚踝关节不舒服，你可以用粗盐（沐浴盐）加热水泡脚，每次泡15分钟后用清水冲洗，**藉由盐水与体内渗压比重的不同，增加脚部的血液循环、消除水肿。**

✿ 用食指简单测量，找出最合适的高跟鞋

挑选高跟鞋时，可先将鞋子放在平台上，将食指放在鞋跟处，仿佛两脚站立于后跟，再轻轻左右摇摆看鞋子是否会倾斜歪倒，**倘若连两只手指的力量都无法稳定，又将如何支撑整个身体的重量呢？**

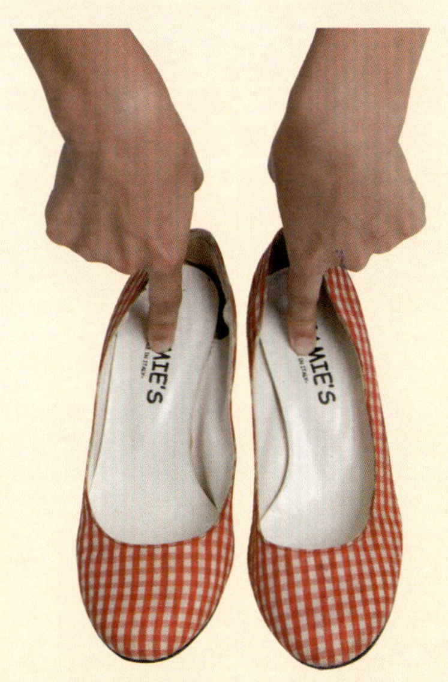

利用自然营养不伤身的方式，促进Jennifer体内消炎与修补的速度，接着改善她的姿势，让骨盆重心回复平衡的位置。最后再教Jennifer正确选择鞋子的观念与知识，由内而外慢慢改正。看到现在的Jennifer终于远离疼痛，拥有健康体态，整个人变得亮眼自信，相信这一切的努力是值得的。

久坐、盘腿，骨盆容易歪斜！

案例分析

雪莉阿姨每天将买好的菜又塞、又挂，挤进摩托车踏脚板上的大菜篮里，两腿张开成八字型，臀部夹得紧紧卡住菜篮，骑着自以为是“载卡多”的摩托车回到餐厅，开始一天忙碌的生活。每晚她会双脚盘着腿，虔诚地又跪又坐在佛桌前，祈求一家平安。但到了周末就喜欢跟姐妹们搓搓麻将排遣时间。

她打牌时最喜欢把一只脚翘着，另一只在桌下晃来晃去，累了就双腿一盘，再不就缩起一脚塞在屁股下当坐垫。这个周末她手气正好，心花怒放下竟然搓了整晚的麻将，当赢得满堂彩开心要站起回家时，霎时间，一阵电流般的酸麻，从腰部沿着大腿后侧直通小腿，身体突然被定格完全动弹不得。于是雪莉阿姨满脸愁容，扶着屁股一拐一拐走来，直说痛到不能走，好像腰要断了，怎么办？

我开口就先问她喜不喜欢喝白开水，她一脸纳闷说平常忙没时间喝水，而且喝多就会跑厕所，所以不太敢喝水。我对雪莉阿姨说，平常骑车习惯将双腿外转张开成八字型，骨盆向后一倒，深怕菜篮跌落所以屁股夹得紧绷绷；要不烧香拜佛时习惯盘腿打坐，两者都会使全身重心压在骨盆的荐髂关节和梨状肌上，**长久下来肌肉早被压得疲乏肿胀甚至发炎，也让荐髂关节活动不良而卡住。**

当我将雪莉阿姨右腿弯曲，向左胸斜上方弯曲提起，请她用力反方向对抗我，再请她趴下循着梨状肌的位置深深一压，两次都听到“啊”一声惨叫，有人差点抱着屁股跳起来，我更确定了答案。

Dr.Wu 的贴心评鉴

腿张开、久坐、夹臀、盘腿，是造成疼痛的原因

“梨状肌”是臀部相当深层，帮助大腿骨在髋关节处做外转动作的肌肉。雪莉阿姨这一次打牌时，东歪西扭的姿势是压垮她梨状肌的主因之一。坐这么久不说，还将脚塞在屁股下当坐垫，骨盆就像缺一只脚的桌子一样倾斜，若要放在桌面上的东西不翻落就得增加摩擦力，因此梨状肌肉为了稳定身体重量就不得不用力收缩，并带动骨盆成后倾，且双脚外八，增加面积，加强稳定才不会摔倒。

恰巧体内最长、最粗的坐骨神经丛是梨状肌中间穿过后，离开骨盆，经过臀部、大小腿后方到足部。

因此只要骨盆的荐髂关节受伤、错位造成周遭韧带产生扭伤或梨状肌收缩、被压迫太久，**甚至熬夜造成身体脱水，都会导致肌肉疲乏引起发炎、肿胀、痉挛、肥厚、乳酸堆积，间接刺激坐骨神经，造成臀部周遭疼痛甚至传达到下肢，**很容易被误认是坐骨神经痛。

所以“梨状肌症候群”又称“假性坐骨神经炎”，一般来说女性得到的几率约是男性的六倍。

改善重点

✿ 背有靠、坐有垫，训练身体重心，让骨盆回到正位

首先将雪莉阿姨歪斜的骨盆矫治回复原位，帮助增加关节正常的活动，再借着物理原理将梨状肌及臀部肌肉群放松，我建议雪莉阿姨使用弹力绳取代双脚来固定菜篮，尽量利用外送载物，减少把小摩托当“载卡多”使用的机会，并且请她注意以下几点：

- ★ **烧香拜佛时尽量不盘腿坐或改单盘，并且加一个支撑力好、弹性佳的坐垫，坐姿最好是背有靠、坐有垫，每隔两三分钟应换腿盘。**
- ★ **随时都要记得多喝水，多多站立及走动，不要翘脚和其他不良的怪姿势。**
- ★ **我教雪莉阿姨放松与伸展梨状肌的运动（第102~105页），请她每天回家照表操课，另外只要有空就将眼睛闭起，双手，放松在身体两侧，重新感受与训练身体重心的平衡感。**
- ★ **在饮食上多补充维生素B_6含量高的食物，如：五谷杂粮、牛肉，也可以补充含有镁与D和其他微量矿物质的柠檬酸钙（Citrate calcium）、姜黄、凤梨酵素，后两者皆为天然食物并具有相当良好抗消炎的功效。**
- ★ **最后还得回家每天冰敷一到两次，每次15到20分钟直到消炎不痛为止，才可实施热敷。**

两个星期后，雪莉阿姨开心地跑来谢谢我，她已经完全复原了，经过这次的教训，现在雪莉阿姨非常注意自己身体健康。

“脚底酸麻”是警讯！

案例分析 阿明是个滑板高手。除了喜欢窝在家里打Game外，其他时间就是穿着滑板鞋，踩上滑板咻来咻去，享受呼啸的乐趣。某天，阿明抱怨在下床双脚踏地的刹那间，脚跟和脚底非常紧绷，有时还会感到像电流通过般刺麻的疼痛，但走动一会儿后，双脚就似乎轻松许多。但最近暑假到了，玩滑板的频率更为密集，阿明双脚紧绷酸痛的感觉，开始沿着小腿肚内侧到膝盖、大腿甚至鼠蹊处，而且越来越明显，甚至常感到全身腰酸背痛、疲劳不已。

翻开阿明的鞋子看到，左右鞋底的后跟内侧出现不对称的磨损，再观察阿明的双脚，原来双脚大脚趾从小就有遗传性外翻，大脚趾下方及脚球被磨出厚厚的硬茧，脚趾外侧滑囊也被磨得红肿发热，内侧弓足明显塌陷，甚至还堆积厚厚一块肌肉，看似标准扁平足，但请阿明踮起脚尖时，弓足的弧度却又立刻显现，**这表示阿明足弓塌陷，可能是因为长期脚趾外翻造成姿势不良，以及喜欢选择太平又太硬的鞋子，造成足底肌肉长期疲乏，肌肉耐力不足而坍塌，俗称“假性扁平足”。**

Dr.Wu 的贴心评鉴

双脚的“足弓塌陷”也会让骨盆失衡

当走路、跑跳等活动时，不管是真（先天）扁平还是假（后天）扁平，都会因足弓塌陷带动踝关节、膝盖、骨盆跟着一起内转和前倾，造成骨骼与关节间承受过大的压力，身体也随着双脚被带动向前方倾斜，将重心落在脚掌前方和膝盖内侧，如此更添增大脚趾更多的压力，加上先天性的趾拇外翻，使得内侧足弓肌肉更加速疲乏坍塌，失去足弓支撑身体和避震的功能。

偏偏阿明特别爱穿又平又硬的滑板鞋，鞋子本身一体成型，鞋底僵硬太平，无法随着双脚关节在行进间凹折活动，更缺乏足弓弧度的支撑，使得双脚从脚趾、足弓到脚跟等处肌肉，长期过度延伸拉扯紧绷，而引发“慢性足底筋膜炎”，**如此走路习惯会从脚踝起，就开始传递错误的身体力学到双腿、膝盖甚至骨盆跟着扭转和倾倒，不但造成肌肉拉伤酸痛、关节磨损，最终可能形成姿势性侧弯，疼痛就此产生。**

改善重点

✱ “经常活动脚踝”才是健康之道

除了利用脊骨神经医学中的脊椎矫治，将阿明的脚踝、骨盆连带脊椎错位的关节矫治外，舒解周遭肌肉、韧带因长期受到歪斜姿势拉扯产生的劳损，还得藉由运动增进关节间活动的能力，并注意下列几点事项：

★ **在鞋内放置矫治型鞋垫的辅具，来帮助矫治维持正确力学与姿势。**

★ **每天回家用沐浴盐（粗盐）+热水泡脚。**

★ **利用毛巾、弹力带、球等工具多做活动脚踝与足部关节的运动，增加双脚关节活动、协调与稳定性，毕竟这才是最根本的办法。**

从此，阿明跨出每一步都是轻松愉快，充满自信与神采奕奕，随时随地散发出青春洋溢的魅力。

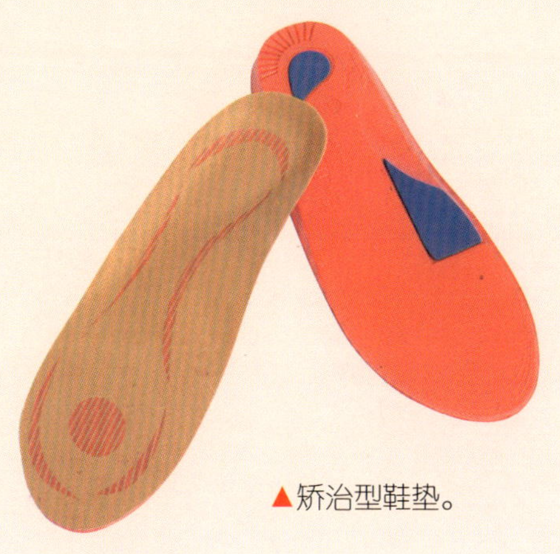

▲矫治型鞋垫。

让你的食物成为良药，
而你的良药就是食物。

——
现代医学之父
希波克拉底

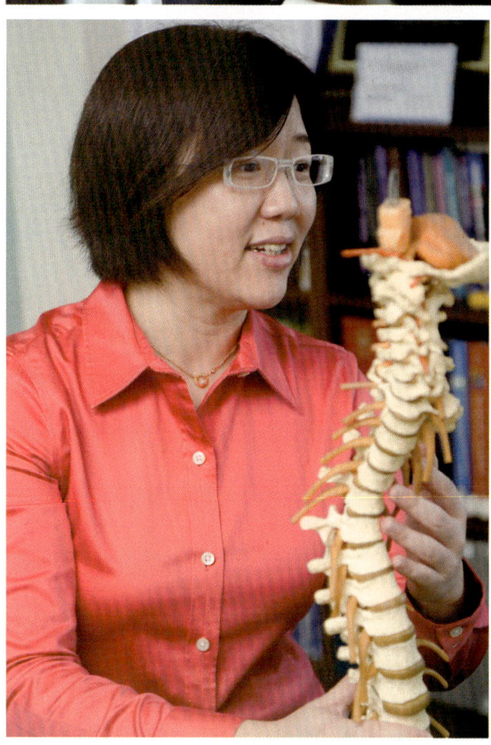

Part 2

“骨盆”决定“下半身”健康

骨盆不正，双脚一定出问题！

生灵万物纵使皆有相同的灵魂，每个个体却有不一样的身体。

——

现代医学之父
希波克拉底 Hippocrates

别把身体当机器"操"，总有一天，它会罢工的！

对于身体任何的不适，我们总是太过于急躁想找出疼痛与疾病的病灶，并且解除病灶所带来的症状，却往往忽略了深藏在病灶背后，可能真正引起身体不适的"原因"。我们总是"习惯"把身体当成机器，以为只要换个螺丝、打个蜡，使用"药物"把症状遮蔽、藉着"开刀"将病灶切除，身体理所当然就该继续为我们服务。

然而，身体的变化多端并非机器的僵化刻板，特别是许多机械性的肢体疼痛（背痛、膝盖痛、脚痛等），皆是从生活中许多不良的姿势体态开始，而这些体态的养成，除了习惯与肢体上的训练之外，我们却都遗忘了，表现于外在的姿势体态，往往反应的都是心灵最深处，无法藉由文字语言所表达的想法、情绪、压力及态度，也就是我们所说的"个性"，所以，**从一个人的体态甚至疼痛中，总是不难看出此人内心的思绪，简单来说，身心是合一的，只是，你懂不懂肢体所带来的语言罢了。**

✱ 骨盆、膝盖、脚是健康的三大关键

相信每个人都有过腰酸背痛的经验，**特别是在腰部、骨盆、臀部外侧、髋关节延伸到膝盖、脚踝到脚跟，甚至大脚趾还有脚掌底**，这些常见不陌生的疼痛，彼此看似互不相干，但其实身体的每块骨骼、每个关节，甚至每条肌肉与神经，形成了我们的身体架构与姿态体态。

每天身体怎么动，譬如：站、坐、起、走、跑、跳，身体各个架构之间必须在同一条直线上相互配合及制衡，力量和信息才能轻松正确地传递，这是一种密不可分的关系，更是动一发而牵全身的连锁效应。就好比盖一栋房子，最重要的就是地基，当地基扎得稳当，上面盖的房子想必足可以为我们遮风避雨甚至对抗地震，但是，如果地基不稳歪斜，那么就算用最好的建材，恐怕也难逃地震和风雨侵袭。我们的身体也是一样，举例来说：

状况	影响	结果
如果脚底**足弓坍塌**了！	★就会失去稳定脚踝关节的力量。 ★韧带与肌肉在关节骨骼摇晃之中产生拉扯、扭伤。	最终失去稳定关节的力气，导致**身体出现歪斜失衡**。
足弓坍塌可能导致**踝关节歪斜**！	★身体偏离省力的支点，会耗损身体更多的力气。 ★脚掌到歪斜脚踝传递的力量就会被消散。	可能导致**脚跟疼痛或足底筋膜发炎**。
接着，小腿为了稳定摇晃的脚踝，并给膝盖支撑的力气，**小腿肌肉及骨骼**不得不加倍用力。	★但只会让小腿骨骼也跟着歪斜。 ★肌肉也出现酸痛疲乏。	造成**萝卜腿与X型腿**的几率非常大。
疲惫又歪斜的小腿与大腿在膝盖结合，成为支撑下肢重要的枢纽。但因为小腿歪斜，所以**无法与大腿紧密结合**。	★造成膝盖长期磨损，导致退化疼痛，甚至影响正确走路形态。 ★久而久之大腿骨也被牵动歪斜扭转。	不仅让“**膝盖退化变形**”，甚至“**骨盆歪斜**”、臀部肌肉过度拉扯，陷入“站也不是、坐也不是”的窘境。
当大腿歪斜，**首当其冲的就是骨盆**，因为大腿是帮助骨盆支撑起上半身与衔接下半身的关键。	★会让髋关节在错误力学之下活动，增加关节磨擦、耗损的机会。 ★也会使周遭肌肉紧绷、失衡，更会改变双脚正确行走的方式，造成身心加速疲劳。	骨盆会出现“前倾、后倾、高低歪斜”甚至疼痛等情况。

这一连串的连锁效应，常常会因为一个结构的错误，不只改变全身的力学结构，产生各式各样名称的疼痛，更影响生理与心理的正常功能运作，衍生出更多失调的问题，如：紧张焦虑、失眠、头痛、肠胃痉挛、便秘，等等。因此，了解自己的身体结构，找出可能错误引起疼痛和失调的原因，**改变生活习惯、饮食方式和养成规律正确的运动，找回身体原来应有的主导权，才是拥有健康的王道，这也是脊骨神经医学始终如一的使命。**

10 POSE 检测
骨盆·膝盖·双脚健康指数

Action ▶面对镜子站立，肩颈放松，双手自然垂放，双脚平贴地面，膝盖放松不用力。

◉ 观察重点

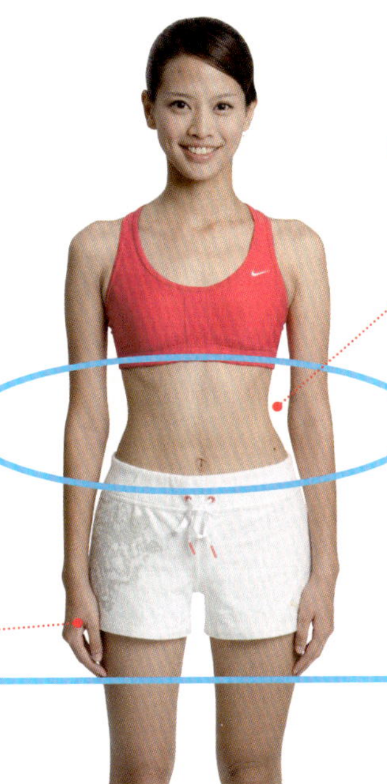

POINT 1
手臂与腰部中间空隙左右两侧是否相同？

POINT 2
垂放的双手手臂是否等长？

Dr.Wu 的专业解说

如果左右两只手臂一长一短，或是手臂与身体之间的空隙一大一小，则表示身体或腰椎可能扭转或侧弯，而骨盆则可能出现倾斜的现象。

插腰检测

Action ▶ 将双手插于腰部两侧，四指拼拢朝前，双手虎口挂在骨盆的髂骨上缘。

◉ 观察重点

左右两边骨盆高度是一致还是一高一低？

POINT 2

观察骨盆的外形是宽或窄。

NG

Dr.Wu 的专业解说

如果放在髂骨上的左右两手高度不一，或是大腿骨与臀部交接处有凸一块出来，表示骨盆可能出现歪斜的状况。

骨盆歪斜 3 侧面检测

Action ▶ 左侧边面对镜子站立，肩颈放松，双手自然垂放，双脚平贴地面，膝盖放松不用力，不要驼背。

◉ 观察重点

POINT ❶
腹部有没有过凸？

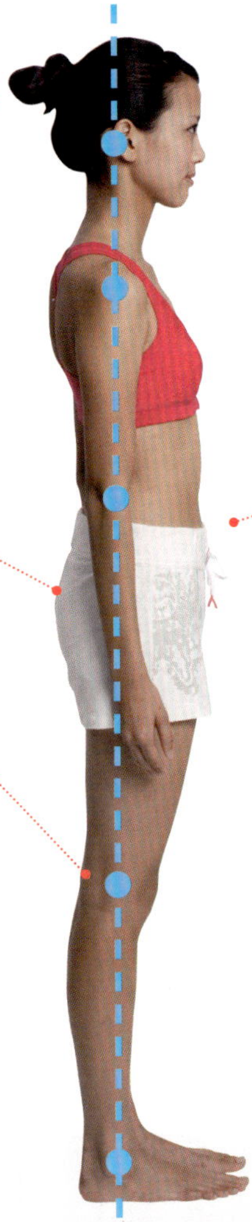

POINT ❷
臀部是否过翘？

POINT ❸
观察肩膀、骨盆、膝盖、脚踝是否位在同一条垂直线上。

NG

▲骨盆后倾。　▲骨盆前倾。

Dr.Wu 的专业解说

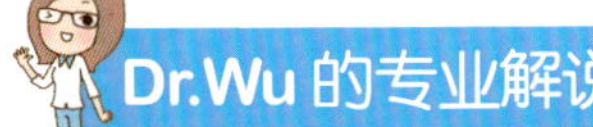

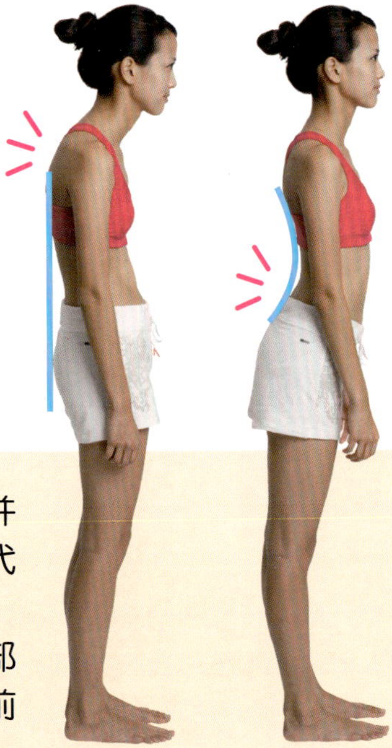

1. 如果腰椎弧度变小变直，臀部下垂，并且小腹特别凸出，有驼背的体态时，代表你骨盆可能“后倾”。
2. 如果腰椎弧度变大、变前凸，且臀部看起来特别翘，代表你骨盆可能“前倾”。

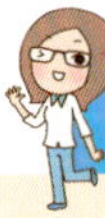

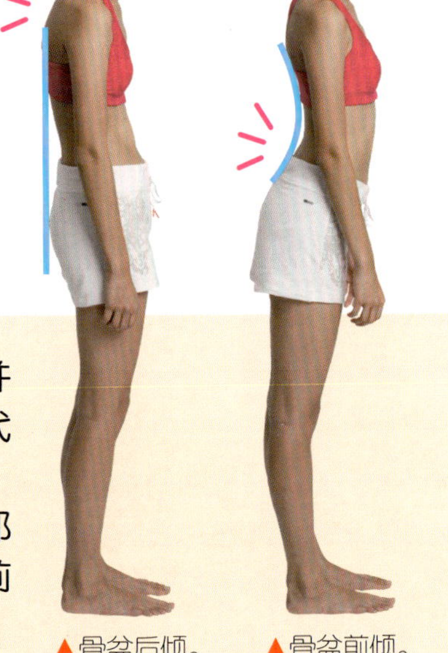

Action ▶头部、背部、臀、小腿、脚跟都轻靠在墙壁上，将双手五指并拢，一上一下不重叠插入背后腰部的空隙。

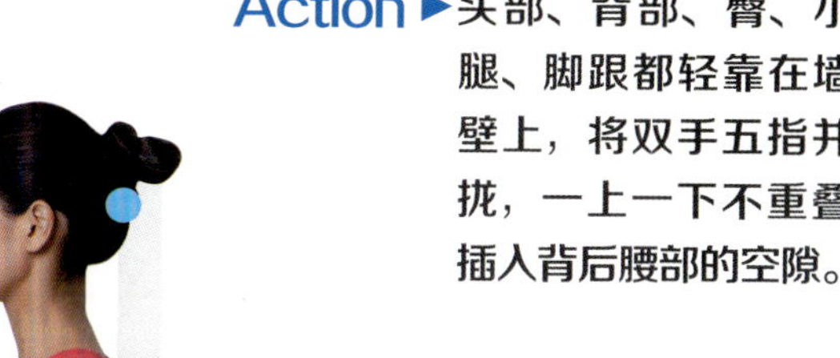

◉ 观察重点

POINT 1
感觉双手是否能轻松插入空隙中。

POINT 2
观察头部、背部、臀部，3个点是否都能贴着墙壁。

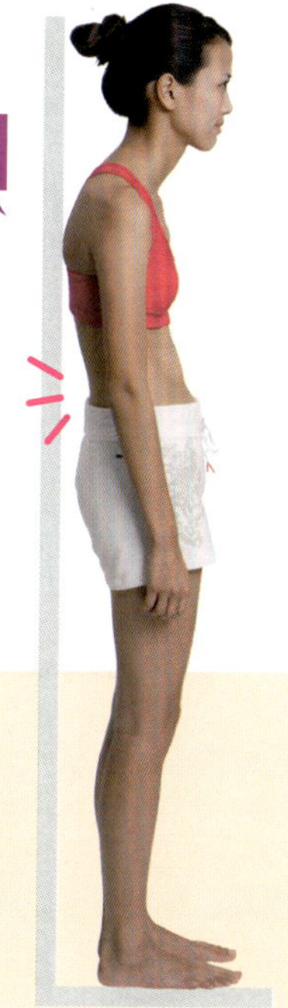

Dr.Wu 的专业解说

如果双手能轻松，甚至可以两个拳头交叠插入空隙中，表示骨盆可能“前倾”。

若感觉空隙太窄乎，根本无法完全插入双手，则表示骨盆可能“后倾”。

Action ▶身体轻松平躺于地面，接着将左右脚跟对齐，双手平放身体两侧，可利用镜子观察或闭眼感觉身体。

◉ 观察重点

POINT ❷
平躺时，先感觉左右两边臀部是否平均贴地，或是腰椎与地面是否呈现很大的空隙。

POINT ❶
左右双膝是否同高？有没有长短脚的现象？

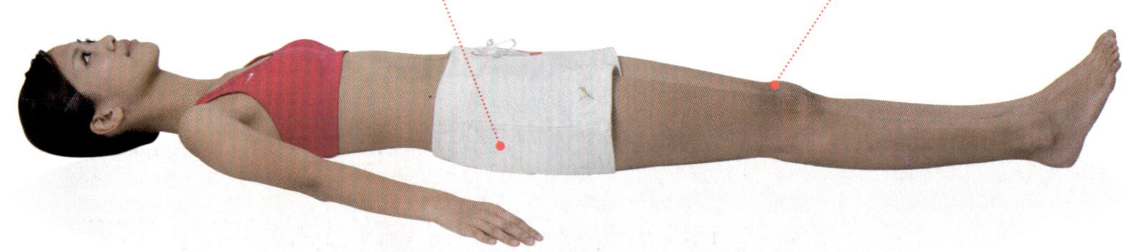

Dr.Wu 的专业解说

如果平躺时，感觉腰椎完全贴地，代表骨盆可能后倾。

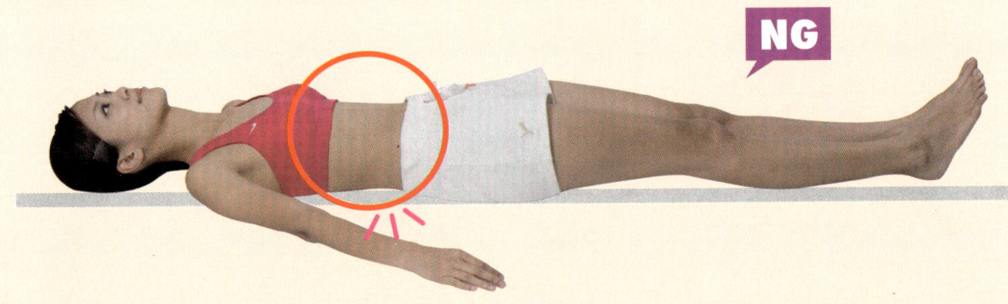

如果平躺时一边臀部翘起离地，且腰部与地面呈现很大的空隙，代表骨盆可能“前倾”。

爱上骨盆操

Action ▶身体自然俯卧地面，双手弯曲交叠于额头下方，让额头轻靠手背上。

◉ 观察重点

POINT 1
感觉俯卧地面时，双脚长度是否等长。

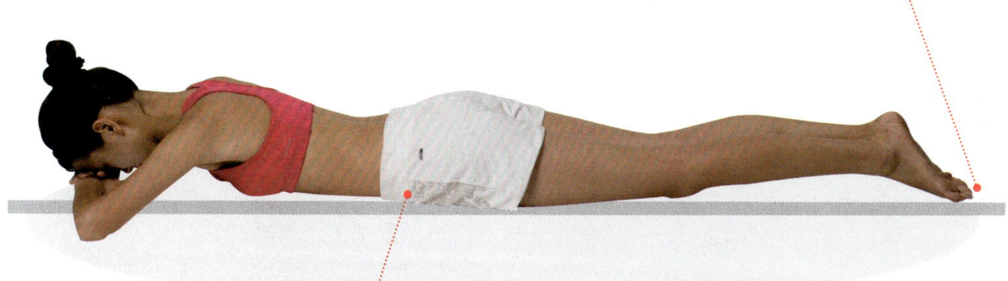

POINT 2
感觉骨盆前方两侧髂骨是否平均贴地，有没有一边浮起或离地。

PART 2 「骨盆」决定「下半身」健康

Dr.Wu 的专业解说

如果出现两边髂骨无法平均贴地，表示骨盆可能扭转；如感觉单脚长度较长（非先天性），则表示骨盆可能歪斜或扭转。

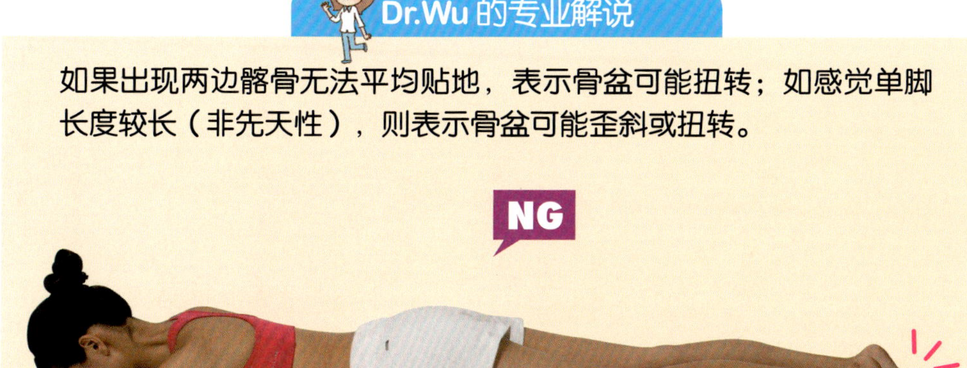

Action ▶ 双手插腰慢慢蹲下再站起之后再观察，肩颈放松，双手插腰，双脚三点平贴地面，膝盖放松不用力。

◉ 观察重点

POINT 1
站立时观察膝盖形状及左右两边位置是否相同，单边膝盖是否有特别内转或外转。

如果膝盖形状两边大小不一或是转向，代表你的膝盖、髋关节与脚踝可能歪斜或腿部肌肉无力；如果发出声响，代表膝盖关节可能歪斜或是出现磨损、退化。

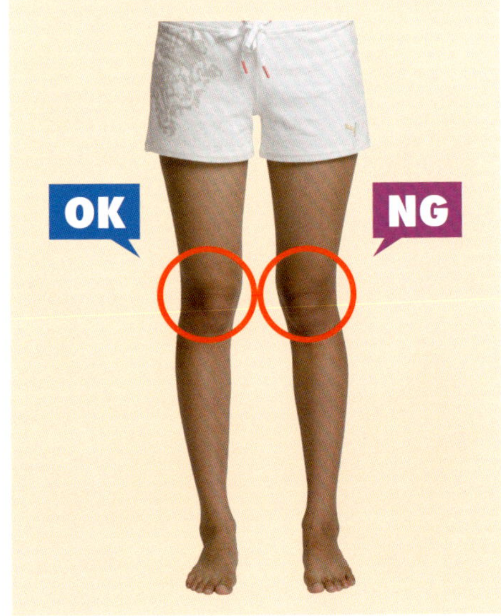

POINT 2
蹲下时，听听看左右两边或单边膝盖是否会发出“喀喀”声响。

膝盖关节 8 侧面检测

Action ▶ 站立，肩颈放松，双手自然垂放，双脚三点平贴地面，膝盖放松不用力。

◉ 观察重点

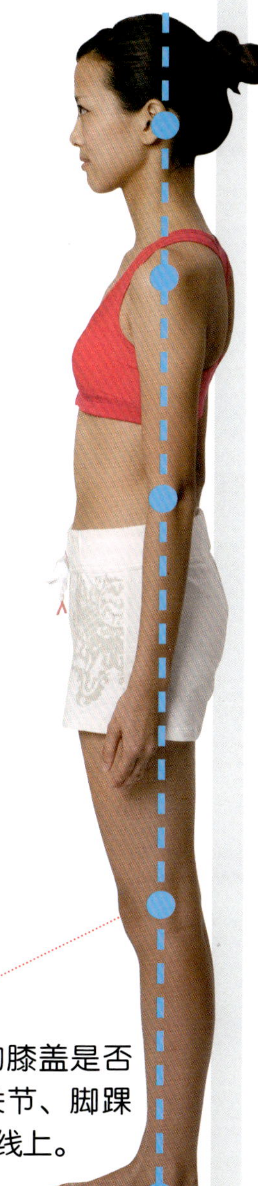

POINT 1
观察左右两侧的膝盖是否与肩关节、髋关节、脚踝关节于同一垂直线上。

Dr.Wu 的专业解说

如果膝盖位置在骨盆、脚踝关节前方，并呈弯曲状态，或是膝盖位置在骨盆、脚踝关节后方，并呈弓型后顶，则表示你的膝盖太过度弯曲、伸展，或是腿部及膝盖后方肌肉无力。

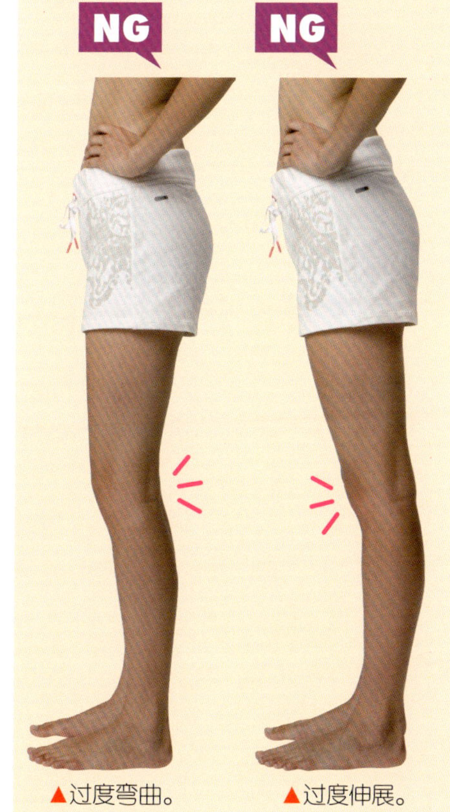

▲过度弯曲。　▲过度伸展。

脚踝关节 9 正面检测

◉ 观察重点

Action ▶
面对镜子站立，肩颈放松，双手自然垂放，双脚三点平贴地面，膝盖放松不用力。

观察小腿中间骨骼连接到脚踝的两个凹槽是否位于中间，还是旋前或旋后。

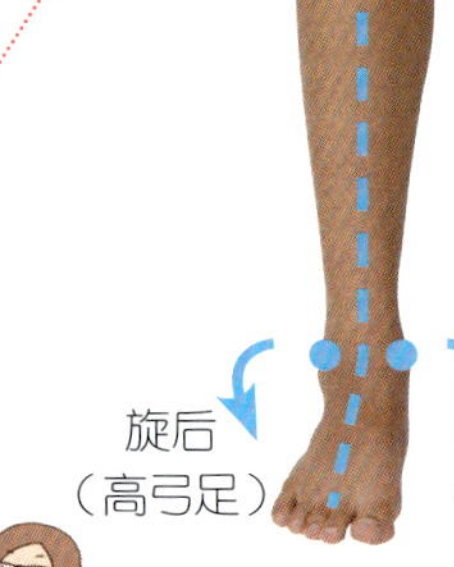

Dr.Wu 的专业解说

如果脚踝倒向任何一侧，表示你的踝关节歪斜。

双脚健康 10 正面检测

Action ▶ 面对镜子站立，肩颈放松，双手自然垂放，双脚三点平贴地面，膝盖放松不用力。

◉ 观察重点

观察肌肤红润还是暗沉，皮肤触感是光滑还是粗糙干裂，温度是否温暖或冰冷。

POINT 2
观察五只脚趾头是否自然伸直，或是用力蜷起。

POINT 3
大脚趾有没有外翻或内翻？大拇指是否往前伸直，或是指向左前方、右前方？

Dr.Wu 的专业解说

如果脚指容易卷曲，代表接触地面的机会较少，急性子，个性上呈现容易紧绷的状态，缺乏安全感。

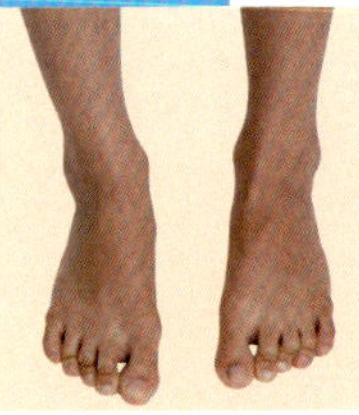

“脚形”决定你的健康！

1 准备一个平而浅的容器，里面倒些水彩颜料并加入少许的水，再准备一大张白纸在旁预备，最好在家中平整的地板或地砖上做此实验，不要在铺有地毯、地垫的环境下执行，以免造成误差。

2 将右脚放进装有颜料的容器中，让脚底平均沾满颜料后，抬起右脚踩在先前准备好的白纸上，请确认脚跟、大／小脚趾脚球以及五根脚趾头都平均施力地踩在白纸上，并印出右脚脚步形状后抬起，将右脚清洁干净。再重复上述步骤换成左脚。

3 拿出脚型对照图比对，看看你的脚属于哪一种。

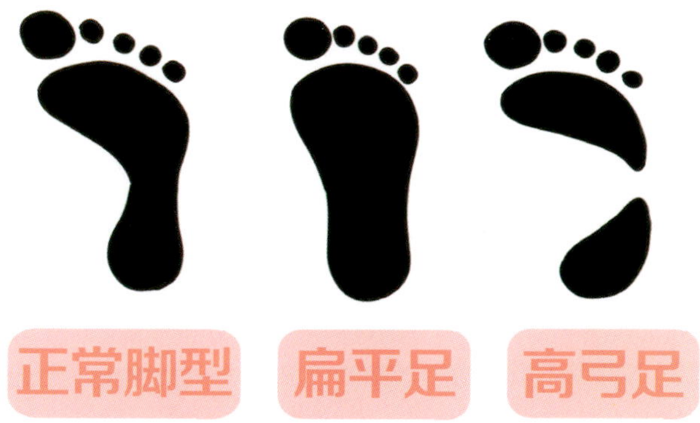

Dr.Wu 的专业解说

观察自己双脚的形状，除非极少数“先天性骨骼结构”生长影响外，大多数的脚形变化**还是与我们后天身体习惯承重的姿势、行动时使用身体力学的方式，以及穿鞋或选择鞋款的喜好关系最为深远。**

“膝盖”老化，身体容易失衡

双腿让我们站立、行走、跑跳、舞动，除了依赖骨骼支撑与肌肉活动外，还依靠了其他关节，如连接骨盆和大腿的“髋骨关节”，而另外两个最主要的支点就是“膝盖”与“脚踝”，产生力量来稳定姿势体态，让我们做出各种活动，并且不致跌倒受伤。

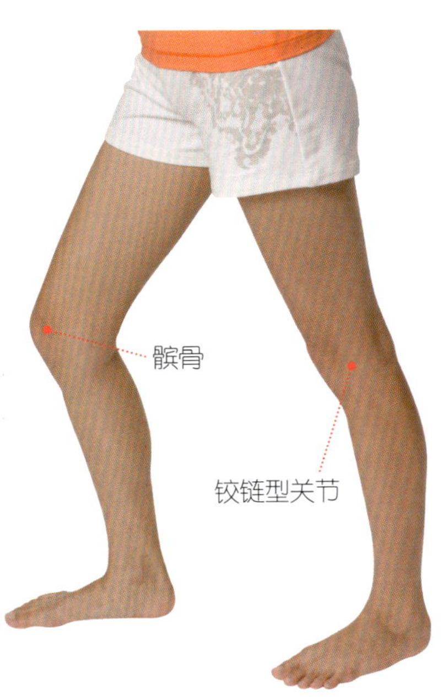

铰链型关节 Hinge Joint

大腿骨上端在髋关节与骨盆衔接，下端凸起恰好与小腿骨下凹结合，形成一个有如门墙间的铰链型关节，让我们的小腿可以前后踢来踢去。

髌骨（膝盖骨）Patellar

膝盖关节另外还有一个部分，就是位于大腿骨前方的髌骨，它像一块用来保护膝盖避免受到正面撞击的罩子。

就整体而言，膝盖关节处于一个极为尴尬却又相当重要的位置，纵使膝盖关节上方是强有力的股四头肌支撑，以维持“膝盖直挺站立”的力量；后方的后腿肌是帮助“弯曲膝盖”，**膝盖关节不论是大腿骨或小腿骨的移位、倾斜、扭转，皆会影响全身骨骼关节的位置，并改变身体用力的方式**，如此一来，则导致肌肉、韧带失去协调、制衡的力量，慢慢造成肌肉拉伤、韧带扭伤，甚至骨骼磨损、退化，导致膝盖关节肿大、积水、疼痛不已且无法行走。

“脚踝”决定全身平衡！

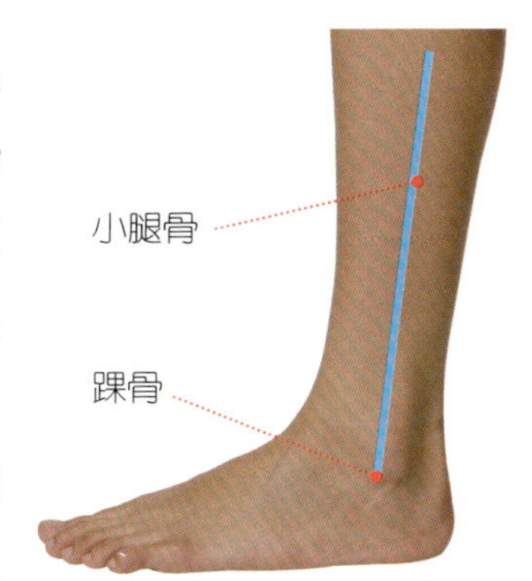

踝骨（Talus）分别与粗细两根小腿骨（Tibia & Fibula）相互衔接后，三块骨骼稳稳坐落于后跟骨（Calcaneus）上方，形成完整的脚踝关节结构。大致上，踝关节与膝盖关节相似，也可以说是个“铰链型关节”，虽然脚踝复杂性较膝盖相对简单，但独特的结构，**却让脚踝关节能够在行走及奔跑时承受 1.5 ~ 8 倍的身体重量，帮助躯干稳定对抗地心引力。**在日常活动中，周遭的肌肉、肌腱及韧带会相互配合协调，形成紧密坚固足以稳定支撑身体的系统。

正常的踝关节在活动中，应该是轻松且不需刻意用力来稳定的，然而，许多状况例如鞋子的选择（高跟鞋、人字拖、滑板鞋）、走路的姿势（内外八字），甚至过去的创伤、跌倒、扭拉伤，使得肌肉变得无力或韧带松弛，让脚踝周遭骨骼及关节无法稳定，就必须加倍用力支撑，长期下来造成踝关节间骨骼、韧带的磨损。**当踝关节的稳定性遭受破坏，不但会产生疼痛、肿胀、血液循环不良、歪斜、足弓坍塌，慢慢还会改变整个身体用力的方式，影响全身姿势体态的平衡。**

任何肢体动作对身体关节来说，应当是在支点直线上产生力学（量）相互转换及运用的表现。如果骨盆是支撑稳定身体的中心，那么，脚踝就是奠定骨盆稳定的基石。若骨盆不正，如同轴心位置被改变，接着腿（脚）骨也会随之出现不同程度的变化，使得髋关节、膝关节，**特别是踝关节离开原本稳定的支点轴线上，不仅增加关节负重的压力，更让身体耗费更多的能量才能达成平衡，相对增加跌倒、扭伤、拐倒、萝卜腿、扁平足、脚底筋膜炎等的几率。**

“足弓”是双脚的避震器

简单来说，**足弓状况好的人，走路的感觉就像坐在高级轿车，不管是道路状况如何，活动时身体依然平稳顺畅**；但反之，缺乏足弓或足弓塌陷的人，走起路的感觉就会像是坐在坦克车里，不但轰轰隆隆坐立难安，还会常常产生扭伤、拐倒、跌倒等许多恼人的脚痛问题。

足弓提供了肌肉、韧带与肌腱这些软体组织有足够收缩延展的活动弹性空间，**让足弓可以像弹簧一样产生避震与缓冲功能，减少脚踝与身体其他骨骼磨损及受伤的机会，还可以帮助双脚在所有活动之中减少能量的耗损，使得可以走更远、跑更长、跳更高，让身体更轻松不容易疲劳。**双脚的足弓不仅仅是靠着脚部骨骼来维持形态，还得靠着韧带、肌肉与肌腱的搭配才能完整支撑足弓发挥完整的功能。

外侧足弓

由脚跟、脚部中段骨骼外侧及后两根脚趾头组成的，较内侧稍低又扁平一些。

横向小足弓

还有三道横向弓足是在脚部前方，东西向由内侧向外侧发展，由脚部中段和前段脚趾骨骼构成。

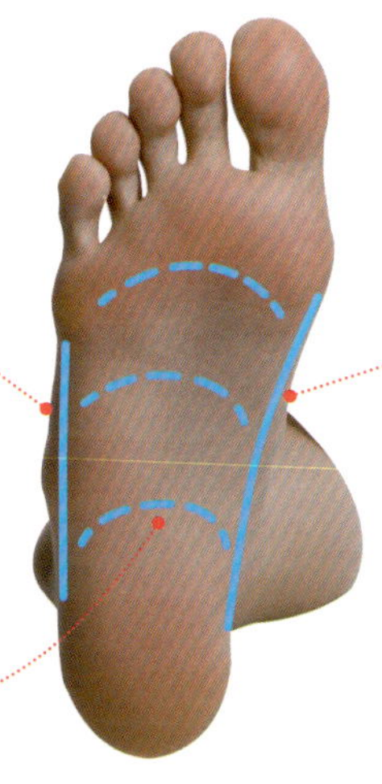

内侧足弓

双脚中一共有三种足弓类型，其中，在靠近身体内侧，介于大脚趾与脚跟中间前后向弧度，由脚跟、脚踝、脚部中段内侧骨骼及前三根脚趾头所组合而成，是弧度最高也是最重要的足弓。

双脚训练 6 大动作

身体必须能自我控制主导，才是掌握健康的关键，本体知觉（Propioception）存在于人体的每一条肌肉里，扮演着“感应器”的重要角色，感应器接受到动作的信息之后，会命令运动神经做出动作，藉此反应出身体的灵活度，而平衡训练做得好，就能让双脚站得稳，自然就不容易跌倒。

所以在平衡及本体知觉都维持在良好状态时，双脚的自主性就会变高，当身体灵敏度在变高的情况之下，活动力自然提升，训练肌耐力时就能拥有灵活的反应，所以你会发现大部分不爱运动的人，是不是肌肉耐力不足，平衡感不太好，协调反应也比较迟钝呢？因此多做训练“双脚”的运动（Balance & Propioception Exercises），是维持双脚健康及身体正确姿势的不二法门。

适合对象

- 想改善身体健康的人
- 常穿高跟鞋、拖鞋的人
- 扁平足、久站族
- 腰酸背痛的人
- 足底筋膜炎患者
- 老年人
- 拇指外翻者

动作效果

- 增加“**足部关节**”活动
- 提升“**肌肉协调**”能力
- 增加足部“**抓地力**”
- 深层按摩足底肌肉及筋膜
- 改善“**拇指外翻**”
- 舒缓脚部的“**疼痛及紧绷**”

改善足底筋膜炎

足底按摩

Foot Massage

每回 5 次×每区块 5 秒

踩球时脚踝要保持稳定，不要左右摇晃，以免造成扭伤，因为会运动到深层肌肉，所以练习时脚底会有些酸痛。多做几次让脚底习惯刺激之后，整个人会感觉非常舒服，走路也变得很轻盈，**双脚步伐总觉得很沉重的人，可以在家多练习这个动作，会有非常好的效果。**

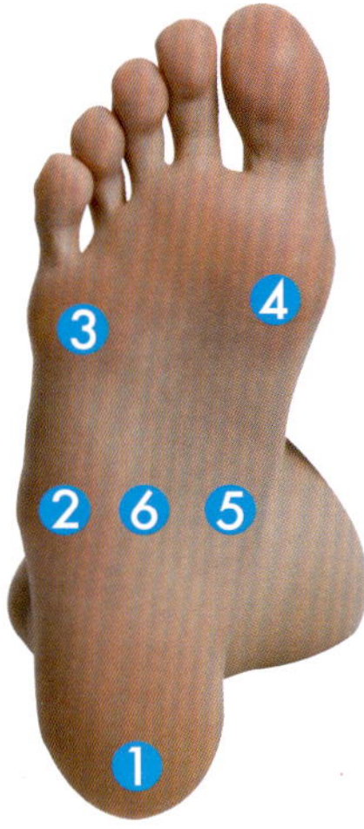

1 后脚跟
2 外侧足弓
3 小脚趾脚球
4 大脚趾脚球
5 内侧足弓
6 脚底正中间

◉ 练习步骤

1 放半个软式棒球于运动垫上，双脚平稳踩地，双手扶稳墙壁或固定家具。
2 右脚脚跟踩稳在球上后，将身体重心移至右脚，左脚慢慢提起离地，维持3～5秒。
3 再放下左脚踩回地面，放松右脚。重复上述步骤，依序按摩1～6的区块，动作3～5次后换脚。

按摩工具 DIY

将一个软式棒球，用刀片切割成两半，就成为便宜好用又安全的脚底按摩工具，不用花大钱，就可以在家享受舒服的按摩。

“瓶子冰棒”能有效改善足底肌膜炎

如果你有足底肌膜炎或是脚底肌肉有发炎的现象，一开始可能无法做较刺激的踩球运动，可以将软棒球改成冰冻过的水瓶，以坐姿进行，放在脚底下慢慢滚动按摩，冰敷的同时还可以改善发炎的状况，但要记得穿着袜子以免冻伤。**发炎的地方可以停留15～20秒，一方面将肌肉和筋膜放松，二方面可以帮助冰敷消炎，等到发炎情况缓和之后，就可以改成网球或软式棒球练习。**

捡弹珠

Toe Picks

每回 5 次×左右脚各夹 30 颗

你可以分别用不同的脚趾头来夹弹珠，先用第一、二个，再用第二、三、四个脚趾头分别练习，训练脚趾头的灵活度。小朋友如果有扁平足的问题，**可以让小朋友经常练习捡弹珠，可训练脚底肌肉力量，增加脚趾肌肉协调与关节灵活度，不管是后天性或先天性的扁平足都可以有效地舒缓所带来的不适感。**

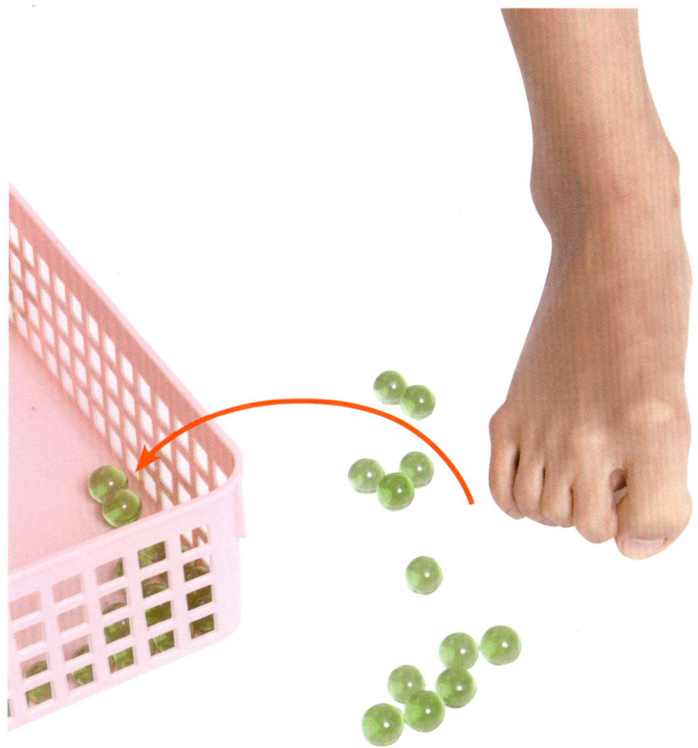

◉ 练习步骤

1 准备30～50颗弹珠及一个大空盆（碗）。

2 身体坐稳在椅子上，左脚轻松自然踩地，保持自然呼吸。

3 利用右脚脚趾一次一颗将弹珠夹起，放进空盆中，直到弹珠全数夹清，将右脚移出碗外，回到预备位置，换脚。

4 重复上述步骤，左右脚各做3～5次，初学者可从30颗弹珠开始练习。

美化脚踝的曲线

踩球稳定

Ankle stabilization exercise

每回 5 次×左右脚 20 秒

两颗球不要放在磁砖地板上，**可以放在运动垫上增加阻力，在训练时较不容易滑动，熟龄朋友练习时建议扶着固定家具，以免受伤。**平衡感好的人踩到球上时，双脚感觉稳定后就可以试着将两手放开，藉由脚踝稳定身体，刚开始脚底会感觉有点酸痛，但尽可能让身体保持直立延伸，可先停留 10 ~ 20 秒，依个人程度再慢慢增加停留的时间。

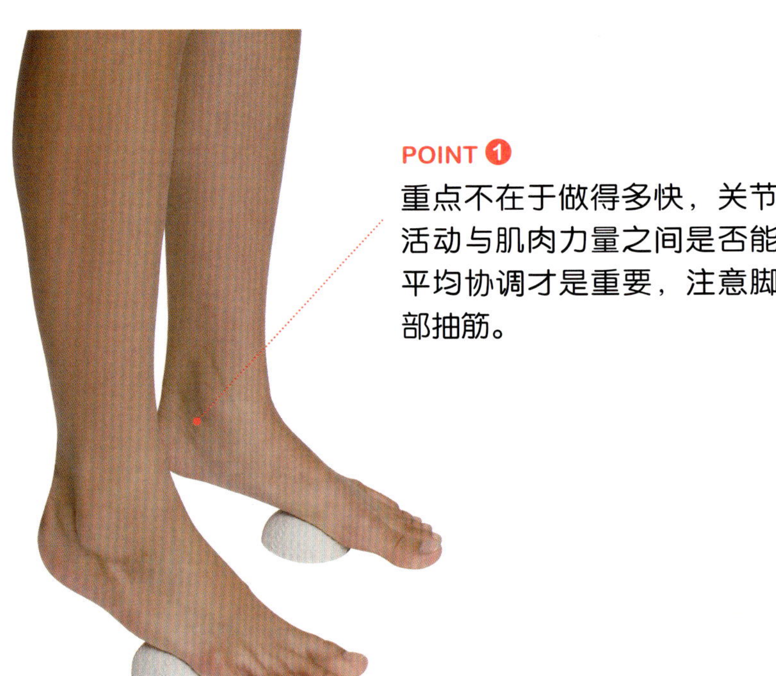

POINT 1

重点不在于做得多快，关节活动与肌肉力量之间是否能平均协调才是重要，注意脚部抽筋。

练习步骤

1 先放两个网球或软式棒球于运动垫上，扶着墙壁或固定家具，直立站好，感觉双脚脚底大、小脚趾脚球与脚跟三点贴平地面。

2 先将右脚的脚跟踩到球上，再将左脚的脚跟踩到球上，脚尖自然下放。

3 保持平衡后，慢慢将双手放开，利用脚踝保持平衡，确认身体延长拉高，脚踝及身体尽量不摇晃、不扭转、不前弯也不后仰。

4 维持20秒后，将双脚从脚跟往脚弓移动，再重复上述步骤，再移往脚尖，各点停留20秒后，回到原预备位置。初学者可从每次10秒开始练习。

每天适度按摩双脚，可减少足部疲劳

市面上也有许多不同的现成按摩道具，可以依照个人喜好来做选择，每天按摩脚底，可以减少身心的疲劳感，帮助身体舒压。

你可以将脚底分成三个区块“脚跟、脚弓、前脚掌”来按摩，先从脚跟开始踩是最简单的训练，接着从脚弓，最后按摩前脚掌。

对于常穿高跟鞋的女性或久站、久坐的工作者，脚踝经常性地摇来晃去，长期下来踝关节韧带变得松弛，脚踝关节如果稳定性差，就很容易出现脚踝扭伤的情形，**每天练习“踩球稳定”，不仅让脚踝的稳定度变高，还可以舒缓穿完高跟鞋之后的酸痛，天天按摩，让双脚更美丽！**

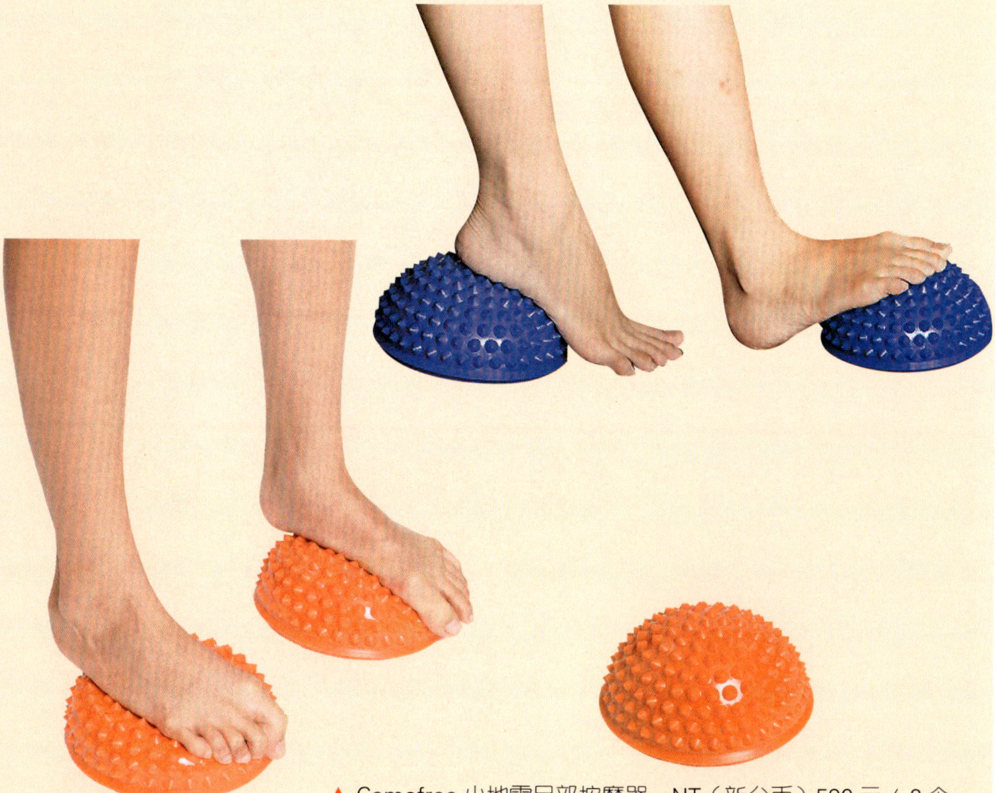

▲ Comefree 小地雷足部按摩器，NT（新台币）590 元 / 2 个

抓毛巾

Towel grabbing

每天 10 回×左右脚每回 10 次

用脚趾头缓慢抓毛巾，每次都要让脚趾头抓到最底部，回复时让脚趾头尽量往前延伸，**踩的过程中脚跟不要移动，重点要让脚底肌肉确实做到收缩和延展的动作**，如果脚底感觉快要抽筋，代表脚底的筋膜及肌肉太紧绷了，先放慢舒缓但建议每天规律练习，可以单脚或是双脚同时练习，增加脚底肌肉的耐力与关节灵活度。

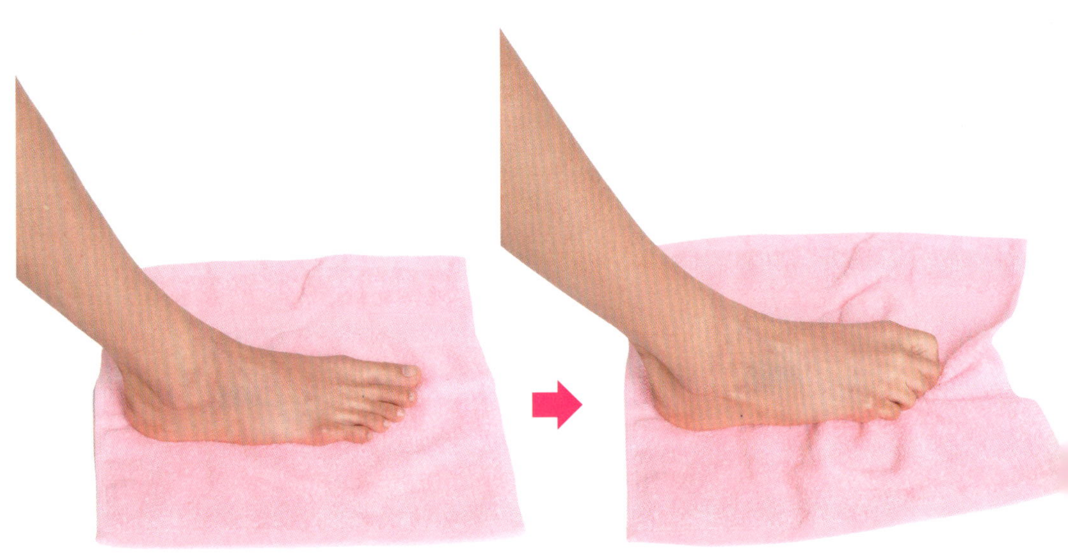

练习步骤

1 身体坐稳在椅子上，双脚平放踩在毛巾最底端，双手轻松垂放身体两侧，感觉双脚脚底大、小脚趾脚球与脚跟三点贴平地面，踩稳预备。

2 脚跟维持平放踩稳在毛巾上，弯曲脚趾将毛巾朝脚跟方向蜷回，让脚趾头抓到最底后，再慢慢放开让脚趾张开到最大，直到毛巾完全抓回。

3 再将毛巾摊平重复上述步骤，左右脚来回10次。

改善拇趾外翻

大脚趾训练

Bunion exercise

每回 **5** 次×每次 **10** 秒

脚跟要确实踩稳地板不要滑动，**脚底如果踩平无法练习，代表脚底肌肉太过紧绷，可将大脚趾稍微抬起来一点儿，或将双脚微开**，藉由带子的阻力，训练大脚趾头开合的动作，前面的抓毛巾是属于脚底肌肉耐力的训练，而大脚趾训练可以增进大脚趾关节活动与肌肉外展及内收耐力训练，经常练习还可以改善拇趾外翻的情形。

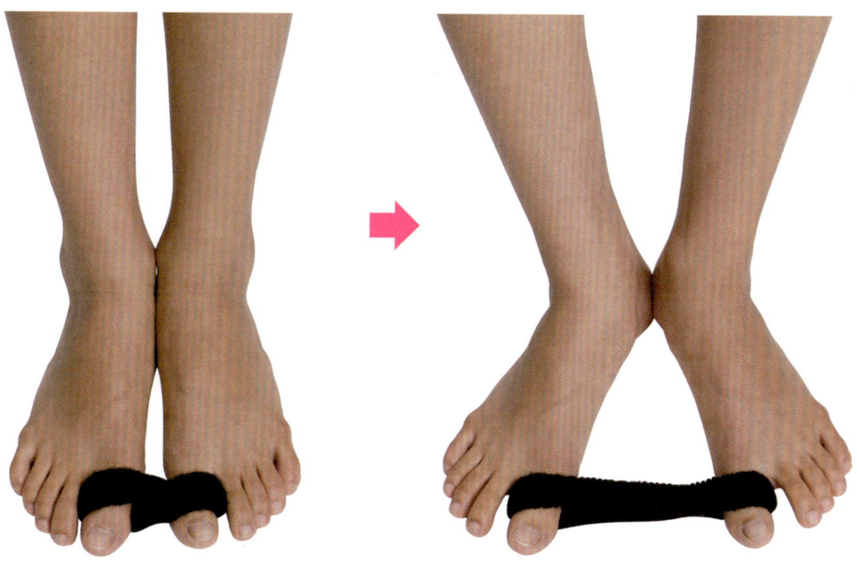

◉ 练习步骤

1 准备一条宽的发带或橡皮弹力带，以8字型套在左右两脚的大脚趾上。

2 身体坐稳在椅子上，脚跟贴地，脚尖与脚弓倾斜抬起约15度。

3 左右大脚趾慢慢用力向两端拉动橡皮筋，动作表现并不会非常明显，维持10秒后慢慢放松，动作5次，初学者可从每次5秒开始练习。

增加足部关节活动

踩油门

Foot articulating exercise

左右脚每回 5 次×每次 10 秒

像开车踩油门一样，将脚底分成三个部分慢慢往下踩，第一段是脚跟，第二段是脚弓，第三段是脚球，**对于脚底筋膜较紧、容易抽筋的人，建议可以慢慢来，也可停留久一点儿，让肌肉持续放松。**进阶的动作你可以在空中练习，通常脚部外侧会比较有力气，所以在空中练习时要注意脚不要外翻或内翻，保持脚踝中立的位置。

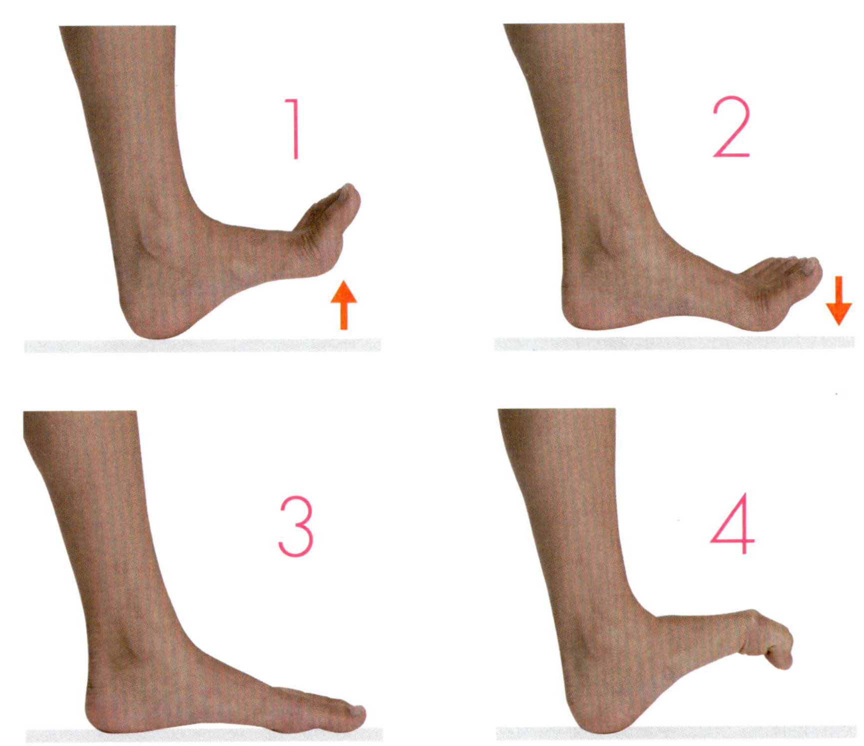

练习步骤

1 坐姿，脚跟贴紧地面，脚尖朝天空45度角倾斜，五根脚趾翘起，做预备姿势。

2 大、小脚趾、脚球慢慢带动双脚朝地面方向踩下，五根脚趾仍保持翘起，直到五根脚趾的脚球着地，维持10秒后，脚趾慢慢放下，双脚放松踩地。

3 再将5根脚趾蜷起抓地，回到预备位子。重复上述步骤，做5次后，换脚练习。初学者可从每次5秒开始练习。

Part 3

最有效的骨盆操

每天 3 分钟，矫治你的下半身！

不要忘记脊骨神经科医师并不治疗疾病的本身，而是矫治引起疾病的原因或意外发生的结果。

——

脊骨神经医学之父
丹尼尔·大卫·帕玛

做骨盆操前，一定要知道的10件事

运动前

1. 避免在身体疲劳、舟车劳顿、熬夜、酒足饭饱、感到不适时运动，或请先咨询专业医师建议，再进行练习。
2. 确认练习场地空气流通、光线充足并远离危险物品，以保证安全。
3. 为避免伤害，请视个人体能状态调整动作强度，无需刻意勉强。
4. 请在运动垫或瑜伽垫上练习，避免在床上或坚硬的地面，以免受伤。

运动中

5. 请配合动作速度，维持自然呼吸，避免憋气。
6. 若感不适，请放慢速度后，停止练习。
7. 动作训练的重点不在于速度或高低，“放慢”与“确实”才能达到目的。

运动后

8. 请适当补充水分。
9. 请勿补充甜食或含糖分高的饮料。
10. 请做适当休息，切勿立即进食。

适合对象

- 弯腰驼背的人
- 腰酸背痛者
- 骨盆歪斜者
- 大腿内侧紧绷者
- 腹肌无力或小腹便便者
- 老年人、想要增进身体健康者
- 平衡&协调感不佳的人
- 内耳不平衡、容易晕眩者
- 姿势不良的人

动作效果

- 放松“下背部”肌肉
- 强化腹部肌肉群及骨盆稳定
- 增进“荐髂关节”的活动
- “稳定骨盆”与脊椎
- 放松骨盆及“腰椎后方”关节
- 训练身体的协调性
- 增加全身的“平衡感”
- 提升双腿及骨盆底的肌耐力
- 强化“核心肌群”

活用小道具，动作加倍有效！

本单元介绍的动作，包括变化版、基础动作，从不同的部位训练，皆可帮助你“矫治歪斜的骨盆”，除了自身在地板运动上训练整体的平衡感、肌肉的伸展及耐力外，还可以藉由一些辅助的小道具，如：弹力带、抗力球、毛巾等，来增加对抗的阻力性、挑战更高的平衡感、帮助身体的协调力，甚至丰富动作的变化与趣味，进一步开发身体活动与力学平衡上的自觉与统合。

弹力带｜训练肌肉力量・增加关节活动

由天然橡胶制造，呈现薄片带状，并依厚薄不同，产生高低的阻力系数，早从1976年起，即用来训练肌肉力量与增加关节活动，是复健与运动上专业的辅助工具。因价格亲民、使用方便、易于携带等优点，近年来相当受到欢迎。

▲ Comefree 瑜伽伸展带（3 个）/ NT（新台币）490 元

以复健训练或初学者来说，弹力带的阻力可从 2 ~ 2.5LB 开始，若以运动训练或中阶学员来说，可以选择 3 ~ 3.5LB，长度以 120 ~ 150cm 为佳。弹力带可在使用数次后，以室温清水或添加微量中性肥皂洗涤，平放阴凉处晾干后，加以少许痱子粉，以避免弹力带表面沾黏。在正常使用与保存之下，弹力带可使用超过 10000 次以上，但若因任何状况，弹力带出现破损、裂痕，即须立即更换，以免使在用中造成破裂而受伤。

抗力球｜训练身体平衡及稳定度有良好成效

由天然橡胶或塑料制造，内灌空气，尺寸为35 ~ 85cm的球。从1963年起，最早是用来训练婴幼儿神经系统与感觉统合的发展，现今多用于复健及运动之上，对于训练身体平衡稳定及肌肉运用协调，有相当好的成效。

▲ Comefree 瑜珈抗力球 / NT（新台）590 元

球的大小选择应以坐立在球上，双脚平稳踩地时，骨盆与膝盖大于90度为原则。抗力球应置于阴凉处，避免阳光直接曝晒，以免材料变质或释放不良化学物质。

毛巾｜经济实惠、增进身体协调性的最佳工具

居家生活中随手可得，适合作为肌肉伸展与关节稳定等动作训练上，用来提醒、平衡及增进协调等，是既经济实惠又便于携带的小道具。毛巾以柔软绵质为佳，长度为 100 ~ 120cm 最实用。

弹力侧倾

Side Bend

左右各做 5 次×每次 10 秒

藉以稳定脊椎与骨盆，保持正确姿势

日常生活中从埋首办公、看电脑、电视、开车、做菜、打扫、投球，甚至走路，任何带动身体扭转及向两侧或前方倾倒的动作，都得依赖腹斜肌的力量，这是稳定脊椎与骨盆，保持正确姿势体态最重要的肌肉之一。**如果“腹斜肌”耐力不足或太过紧绷、松弛，身体与骨盆则会扭转倾斜，腹部两侧松垮产生游泳圈的赘肉堆积，使人看起来歪斜臃肿，走向西洋梨的身材曲线。**想让身体曲线变得修长紧实，“弹力侧倾”是既容易又实用的动作训练，矫治骨盆的同时打造修长紧实的身体曲线。

POINT 2
弹力带的正确握法

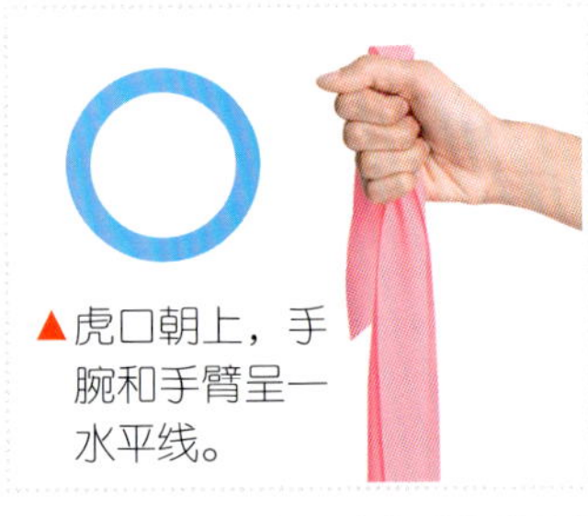

▲虎口朝上，手腕和手臂呈一水平线。

▲拳心不要朝下，也不要朝上，容易让手腕和肩膀受伤。

POINT 1
头颈不要过度侧倾。

POINT 3
骨盆不要扭转或往旁边推出。

POINT 4
双脚踩稳弹力带，动作时身体不要前倾或后仰。

Action 动作开始

吸

1

直立站姿，双脚打开与骨盆同宽，踩住弹力带一端，右手握紧弹力带另一端，左手伸直轻松垂放身体侧边。身体轻松延伸拉高，不驼背，不耸肩。吸气预备。

►►►弹力带若长度不够，可以将两条打固定结接在一起使用。

2

吐气，腹部收缩，右手从侧边向上延伸，带动身体向左侧倾。保持身体重心位置，双脚踩稳弹力带，躯干与骨盆不前倾也不后仰。到位后，保持自然呼吸，停留10秒，慢慢还原，回到预备位置。动作5次后，换另一边动作。

Dr.Wu 的专业叮咛

侧弯时身体无须过度弯曲，重点在拉弹力带的腹部侧边肌肉要感觉被伸展，另一边肌肉感觉在对抗阻力收缩，身体保持向上延伸，不前推扭转，骨盆不过度往外推，以免造成脊椎与骨盆倾斜、扭转，导致肌肉拉伤或韧带扭伤。

使用毛巾也有相同效果

熟龄朋友或初学者，可藉由双手握紧毛巾两端，接着高举双手延伸，带动身体向左侧倾，到位后，保持自然呼吸停留10秒，再慢慢还原，左右各做5次。

运动部位

站立踏步

Leg Press in Standing

每回 10 次×每次停留一个呼吸

借以活动髋、膝盖关节，支撑骨盆稳定

现代人能躺不坐，能坐不站，甚至以车代步的生活习惯，让我们的双腿几乎快要失去支撑身躯（骨盆）与追赶跑跳蹦的功能，也因此衍生许多腰酸背痛、脚酸腿麻、膝盖无力等文明病和提早退化的趋势。“站立踏步”看似简单，但却需要全身肌肉的协调运动与脑部的控制配合，**才能平衡稳定身躯站立，加强臀部、大腿前方肌肉的训练，以支持稳定骨盆，并带动髋关节与双腿灵活的运用。**

Point 注意重点

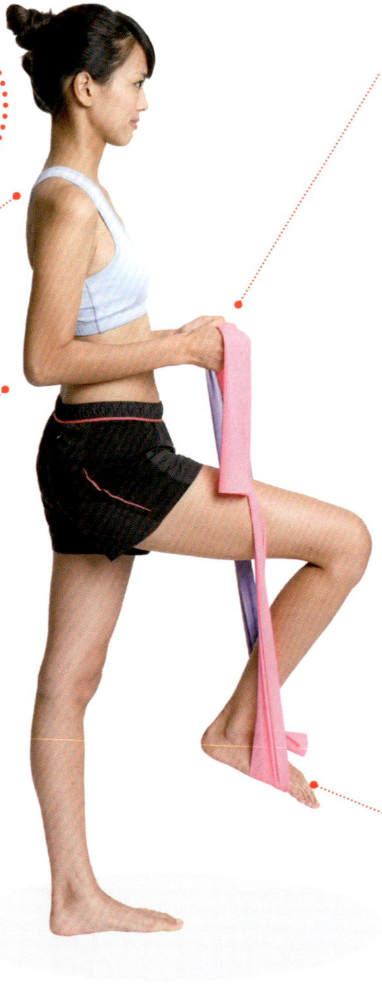

POINT 1
双手握住弹力带，虎口朝上，手腕不扭转不翻转。

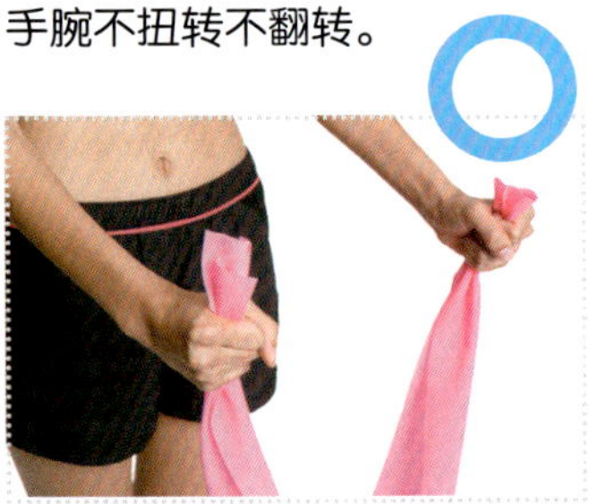

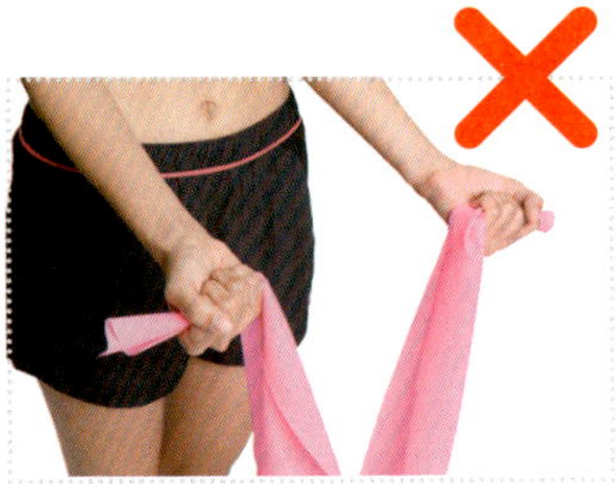

POINT 2
身体轻松往上延伸，不要驼背耸肩。

POINT 3
动作时手肘弯曲90度，手臂贴近身体不要移动。

POINT 4
右脚慢慢抬起90度，身体保持平衡。

Action 动作开始

1

直立站姿，双手握紧弹力带两端，手肘微弯放松身体两侧，右脚1/2脚掌踩住弹力带，左脚伸直踩稳地面。身体轻松延伸拉高不驼背，不耸肩。双脚脚底大、小脚趾脚球与脚跟三点贴平地面。吸气预备。

吸

2

吐气，腹部收缩，双手弯曲90度提起，手肘轻贴身体两侧，不耸肩，右脚弯曲跟着提起离地，左脚伸直踩稳地面，维持骨盆稳定不歪斜。到位后，停留一个呼吸，双手不放松，右脚伸直向下踩回地面，重复上述步骤，做10次。还原，回到预备位置，换脚。

吐

变化动作 坐姿踏步 Leg Press in Sitting

►►►如果无法稳定坐在球上，可以改坐在椅子上。

1. 坐姿，臀部两边平均施力坐稳在抗力球或椅子上，身体延伸拉高，保持脊椎自然弧度。双手握紧弹力带两端，手肘微弯放松身体两侧，右脚1/2脚掌踩住弹力带，左脚弯曲踩稳地面。吸气预备。

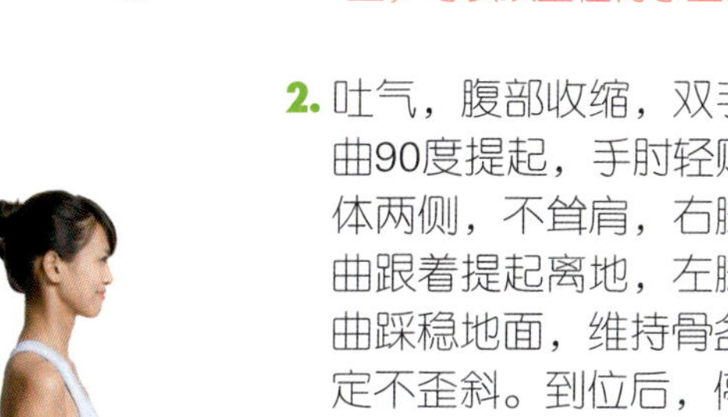

2. 吐气，腹部收缩，双手弯曲90度提起，手肘轻贴身体两侧，不耸肩，右脚弯曲跟着提起离地，左脚弯曲踩稳地面，维持骨盆稳定不歪斜。到位后，停留一个呼吸，双手不放松，右脚向前延伸踩下，重复上述步骤，做10次。还原，回到预备位置，换脚。

增加骨盆稳定的力量

平躺蚌壳

Supine Clam Shells

每回 10 次×每次停留一个呼吸

训练臀中肌与腿部外侧肌

走路有风的人看起来身型紧实曲线修长，赏心悦目时总忍不住想多看两眼；而走路内八／外八字的人会带动躯干与骨盆歪斜扭转，不时拉伤扭扯或跌倒滑跤。**两者姿态最大差异除了腿部内外侧肌肉，最重要关键则在臀中肌的力量是否平衡**。它是行走、跑步、站立、蹲下、弯腰等动作，带动髋关节外转与稳定姿势体态中，最重要的骨盆肌肉。“平躺蚌壳”动作既安全又有效，可以达成上述之目的，让每个人走路有风，体态有型。

Point 注意重点

POINT 2
弹力带要绑在大腿上，避免膝盖受压迫。

POINT 1
不耸肩，肩膀放松贴地。

POINT 3
双脚屈膝，动作时保持脚跟并拢。

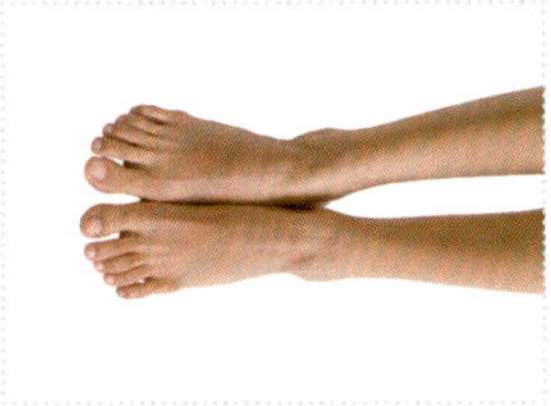

POINT 4
双手叉腰，轻放骨盆两侧。

Action 动作开始

1 将弹力带绕大腿一圈后打结固定。身体平躺，确认骨盆与臀部两侧平均施力轻贴地面，双手叉腰轻放骨盆两侧，肩膀放松不提起，双脚屈膝踩地，脚跟并拢，双脚脚底大、小脚趾脚球与脚跟三点贴平地面，吸气预备。

吐

2 吐气，腹部收缩，脚跟稳定不动，大腿从髋关节处微微向下延伸后，向两边打开。到位后，停留一个呼吸后还原。

3 动作重复10次后，慢慢回复预备位置。

增进全身平衡感与骨盆稳定

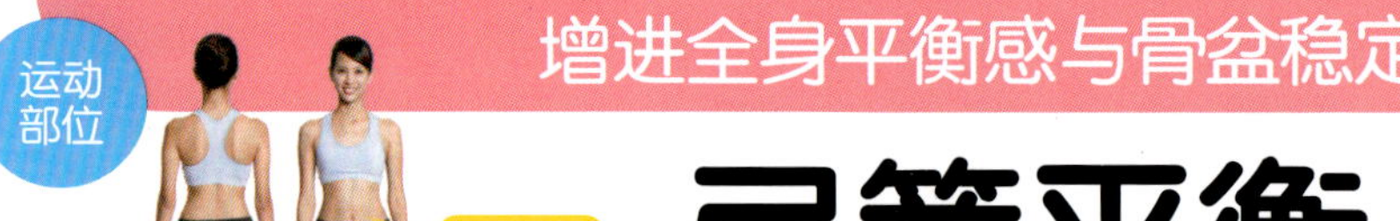

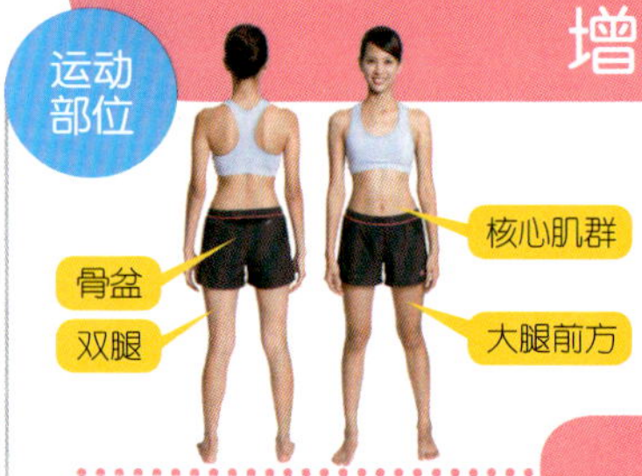
运动
部位
骨盆
双腿
核心肌群
大腿前方

弓箭平衡

Thera-Band Lunge

每回 3 次×每次 5 秒

带动双腿、臀部与核心肌群的协调运用

过重、久坐、少动、穿高跟鞋、住电梯大厦等的摩登生活，让膝盖退化、酸软、无力，呈现越来越年轻的趋势，其主因常常非骨骼本身的耗损，而来自股四头肌的紧绷或无力造成。双腿的力量是支撑起骨盆并保持稳定最重要的关键。**“弓箭平衡”利用全身肌肉，特别是核心肌群达到稳定上半身的力量，借此加强股四头肌的训练，以稳定骨盆与减轻膝盖关节的负担与耗损。**

Point 注意重点

POINT 1
身体不要向前倾倒，保持直立。

POINT 2
双脚慢慢弯曲下蹲，后脚的膝盖不要碰到地板。

POINT 3
手肘保持原地弯曲，不要往前伸直或是太过提高。

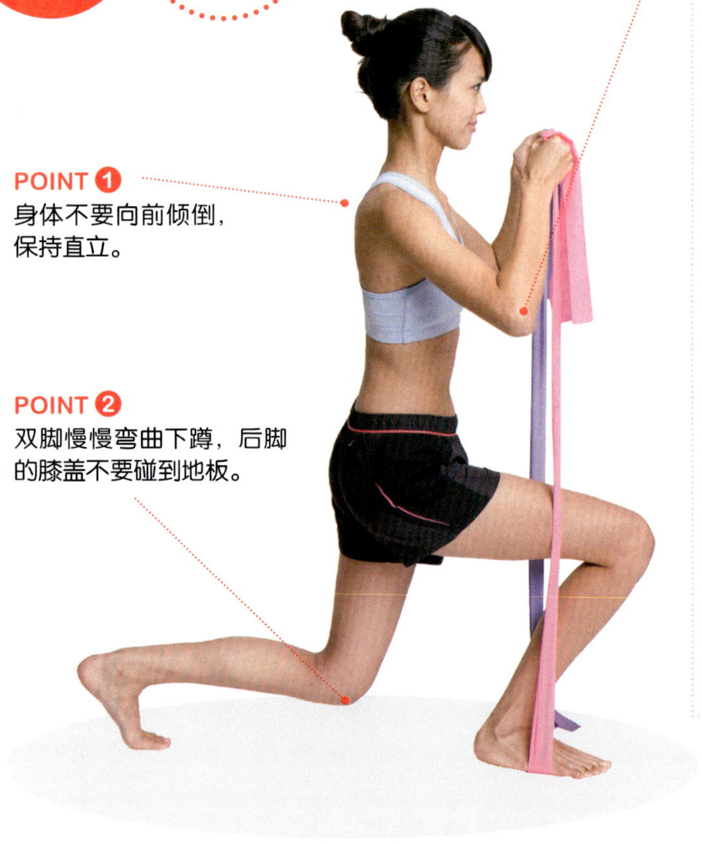

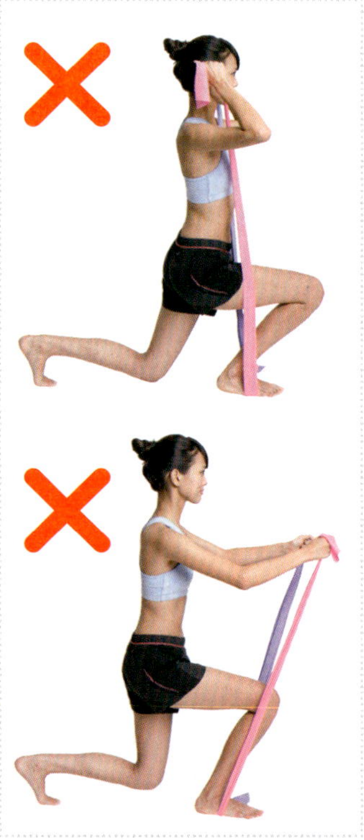

Action

动作开始

吸

1

直立站姿，右脚伸直跨前一步，双手握紧弹力带两端，手肘微弯轻松放置胸前，右脚1/2脚掌踩住弹力带，左脚踩稳地面。身体轻松延伸拉高不驼背，不耸肩，骨盆不前倾、后仰。吸气预备。

2

吐气，腹部收缩，双手胸前弯曲提起，双膝弯曲向下蹲。不耸肩，保持身体直立稳定重心，双脚平均施力踩地，骨盆与身躯不前倾，不后仰。到位后，保持自然呼吸，停留5秒，慢慢还原，回到预备位置，做3次，换脚。

吐

熟龄朋友也可以用毛巾练习

1. 直立站姿，右脚伸直跨前一步，双手握紧毛巾两端，手肘微弯轻松放置胸前，左脚微弯踩稳地面。身体轻松延伸拉高不驼背，不耸肩，骨盆不前倾、后仰。吸气预备。

2. 吐气，腹部收缩，双手向前伸直提起，双膝弯曲向下蹲。不耸肩，保持身体直立稳定重心，双脚平均施力踩地，骨盆与身躯不前倾，不后仰。到位后，保持自然呼吸，停留5秒，慢慢还原，回到预备位置，做5次，换脚。

髂腰肌伸展

Psoas Stretch

每回 3 次×每次 15 秒

放松紧绷的髂腰肌，帮助脊椎轻松直立

髂腰肌是全身唯一跨过腰椎与骨盆关节，最后终止于大腿骨上的肌肉，每天带动身体除了平躺睡觉以外，所有吃饭、开车、办公、抱小孩、提包包、搬重物等对抗地心引力前弯的活动，工作相当繁杂吃重，也因此绝大多数人的髂腰肌总是处于紧绷僵硬的状态，**因此衍生出腰酸背痛、椎间盘突出、鼠蹊疼痛、骨盆歪斜，甚至侧弯等问题。藉由“髂腰肌伸展”动作，相信不用多说，做完会让人感觉“啊——”的舒畅。**

Point 注意重点

POINT 1
动作时骨盆不翻转，脚平行的往后弯曲。

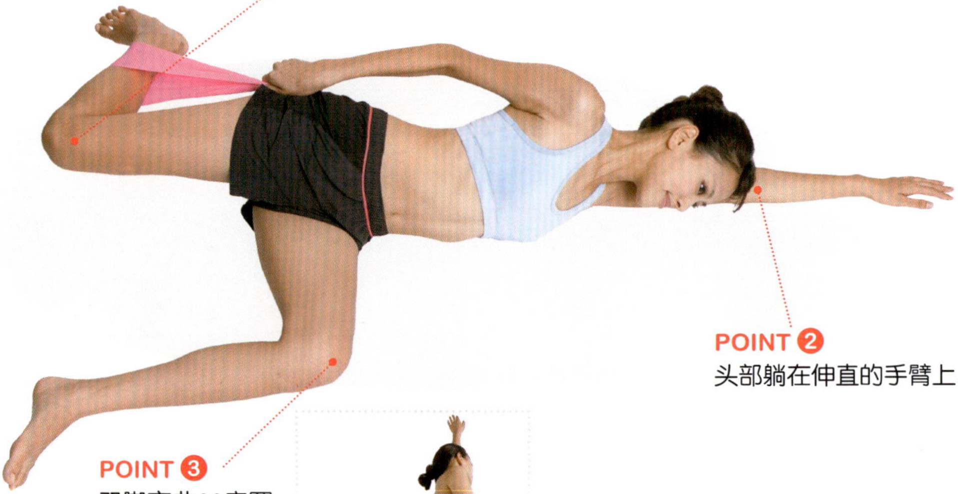

POINT 2
头部躺在伸直的手臂上。

POINT 3
双脚弯曲90度置于骨盆前方，膝盖不能与身体呈一直线。

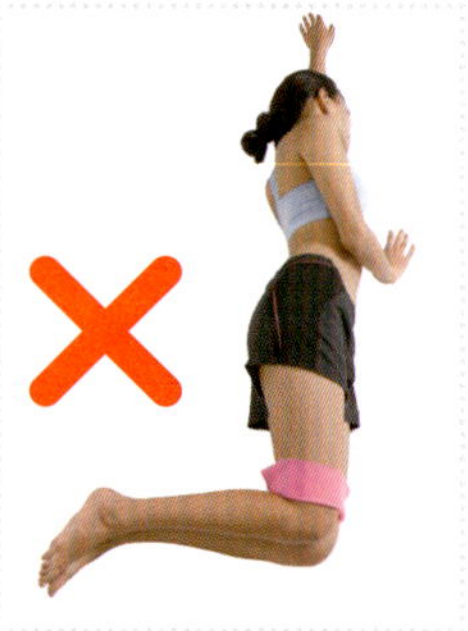

Action 动作开始

1 身体侧躺，将弹力带或毛巾绕过右小腿，右手抓紧弹力带，双脚弯曲90度置于骨盆前方，脚跟并拢。下方的手伸直垫在头部下方。不耸肩，骨盆及身体不前翻也不后仰，吸气预备。

2 吐气，腹部收缩，右手拉住弹力带(毛巾)，带动小腿从髋关节处向身体后方延伸，直到感觉右侧肋骨下方、腹部到鼠蹊处肌肉被伸展，躯干与骨盆保持平衡不翻转、不倾倒。到位后，保持自然呼吸，停留15秒，还原，回到预备位置，做3次，换边。

Dr.Wu 的专业叮咛

膝盖不要刻意抬高，以免骨盆不稳，动作时都要维持脚平行移动，不刻意压折膝盖，身体保持直立稳定。

加强骨盆稳定的力量

侧躺蚌壳

Side Clam Shells

每回 10 次×每次停留一个呼吸

可训练臀中肌与腿部外侧肌

这个动作是属于臀中肌与腿部外侧肌力量的训练，藉以活动髋关节外转，是稳定姿势中最重要的骨盆肌肉。“侧躺蚌壳”动作与平躺蚌壳训练目的大致上相同，**如因故无法平躺者，可改以侧躺训练。此外，相较于平躺，侧躺时对抗的力心引力较大，对于臀肌与腿部外侧肌肉的训练相对挑战性更高。**

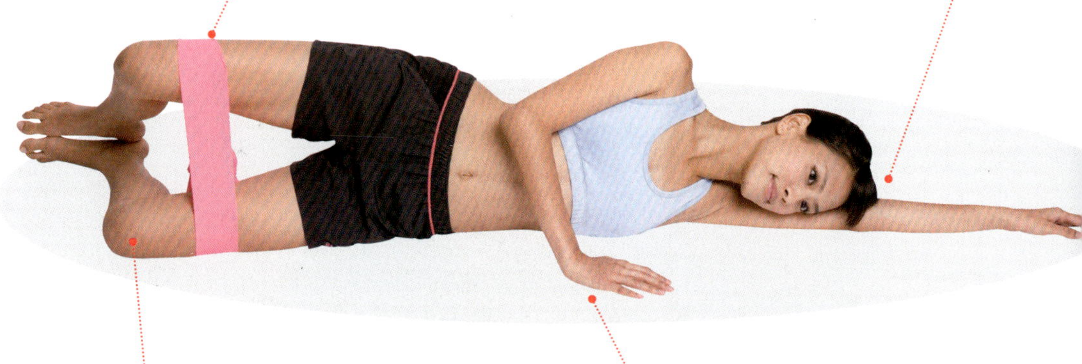

POINT 1
身体侧躺，头部躺在手臂上。

POINT 2
弹力带绑在大腿上。

POINT 3
双脚并拢弯曲呈 90 度，置于骨盆前方，双脚若不够弯曲置前会重心不稳，反而让骨盆后翻。

POINT 4
另一只手轻放在胸前支撑以保持平衡。

1

身体侧躺，双脚弯曲置于骨盆前方，脚跟并拢。下方的手伸直垫在头部下方；上方的手放在胸前支撑维持平衡。确认不耸肩，骨盆及身体不前翻也不后仰，吸气预备。

2

吐气，腹部收缩，脚跟稳定不动，上方大腿从髋关节处微微向下延伸后，向上展开。到位后，停留一个呼吸后，还原，动作重复10次后，还原，回到预备位置。

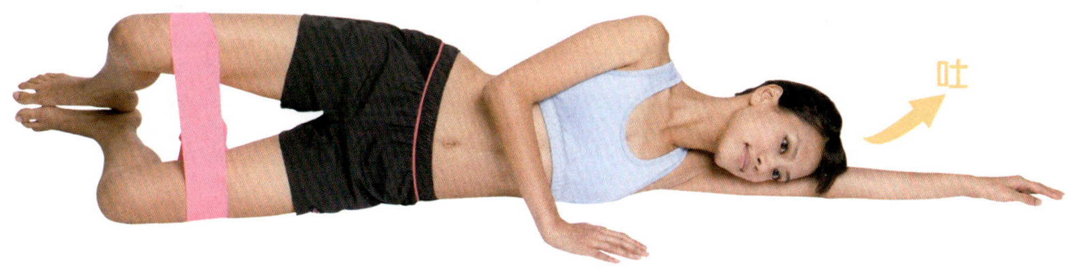

Dr.Wu 的专业叮咛

双脚弯曲后膝盖不能与身体呈一直线，会使身体重心不稳，让骨盆后翻。

弯曲的双脚要稍微置于骨盆前方，才能让骨盆稳定，身体不致翻转。

训练腹肌群，加强骨盆稳定

仰卧起坐

Sit Up

每回 5 次×每次停留一个呼吸

训练六大腹肌群，减轻脊椎压力

想要拥有抬头挺胸、修长紧实的身体曲线，靠的就是六大腹肌群。这群肌肉最主要的动作是带动脊椎向前弯曲，还得与其他核心肌群一起衡定腹腔的压力，减轻脊椎的负担，可稳定骨盆以避免内在脏器受到压迫，并且协助呼吸将气体排出肺脏，是保持正确姿势体态，减少腰酸背痛及呼吸顺畅最重要的肌肉之一。**“仰卧起坐”训练的方式众多，藉由双脚屈膝可以减轻脊椎的压力，减少腰椎受伤几率，对腹肌群训练达到更直接的效果。**

Point 注意重点

POINT 1
不要低头，视线自然往斜上方平视。

POINT 2
腹部收缩用力，用肚子的力量将上半身抬起。

POINT 3
脖子不要太用力，肩颈保持轻松。

POINT 4
双脚屈膝与骨盆同宽。

Action 动作开始

1

身体平躺，双脚弯曲打开与骨盆同宽，骨盆两侧平均施力轻贴地面，双手抓紧大浴巾(或运动垫）上方两角，肩膀放松不提起。吸气预备。

2

吐气，腹部收缩，双手抓紧浴巾带动身体慢慢蜷起离地，肩颈放松，手肘打开，双脚踩稳地面。到位后，停留一个吸气，吐气还原，回到预备位置。做5次。

Dr.Wu 的专业叮咛

脖子不要太过用力，避免颈椎紧绷，气管受到压迫，造成颈痛、憋气、头晕、胸闷。

减少驼背侧弯，维持正确姿势体态

运动部位

背部
骨盆

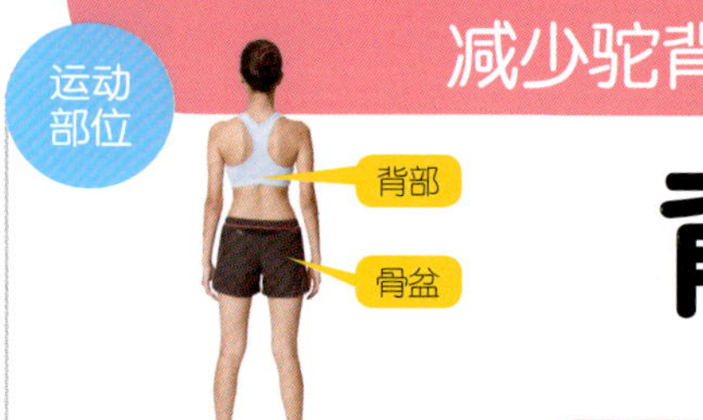

背肌伸展

Back Extension

每回 5 次×每次 10 秒

加强背部支撑的力量，稳定躯干与骨盆

每天从起床洗脸刷牙开始，接着吃饭、办公、打电脑、开车、开会、读书、煮饭、抱小孩、打扫……直到晚上平躺睡觉结束，双手与身体几乎一直处于向前弯曲的姿势，使得背部肌肉缺乏运动，与前方胸肌相比显得无力脆弱，也因此改变了姿势体态，如颈部前倾、肩膀内转、弯腰驼背、骨盆歪斜、脊椎扭转等不良习惯。**“背肌伸展”简单易学，除可改善上述不良的姿势体态外，更可增加身体稳定的力量。**

Point 注意重点

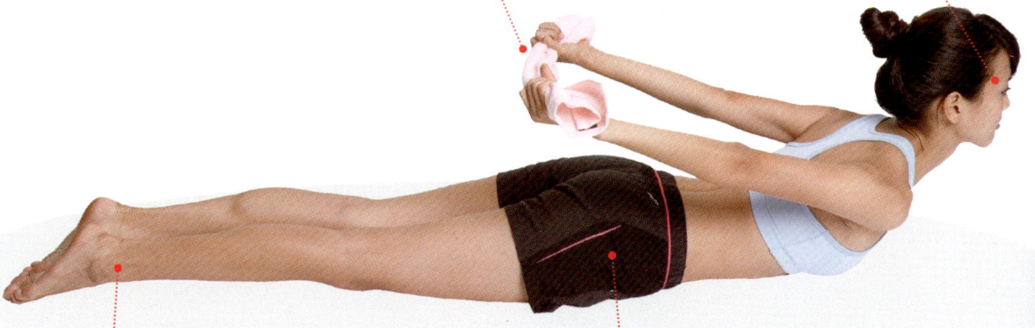

POINT 1
双手向脚方向延伸下滑，
带动上背部抬起离地。
POINT 2
视线平视前方，
不要刻意仰头。
POINT 4
双脚不要抬起來。
POINT 3
骨盆两边平均贴地。

1 身体轻松趴下，下巴微收，双手抓紧毛巾两端，不耸肩，骨盆两边平均贴地，双脚微微打开伸直轻贴地面。吸气预备。

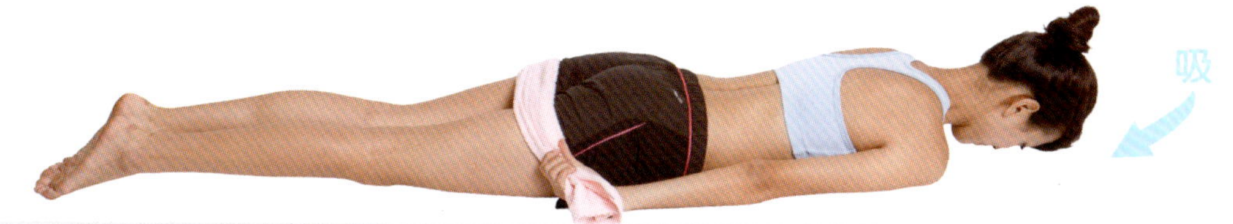

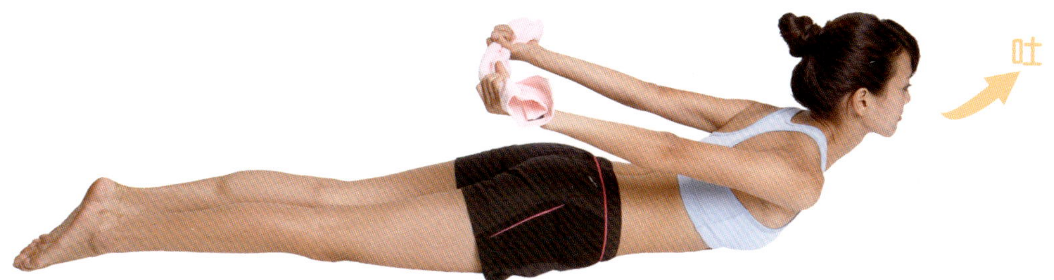

2 吐气，腹部收缩，双手向脚方向延伸下滑，带动上背部抬起离地。不刻意抬头，头颈与背部同高，肩膀不扭转。到位后，保持自然呼吸，停留10秒，还原，回到预备位置，做5次。

Dr.Wu 的专业叮咛

不刻意抬头或低头，双脚保持贴地，不要抬起，双手尽量往脚趾方向伸展，肩胛骨下滑带动颈部。

运动部位

腹部 骨盆 脊椎 荐髂关节

增进骨盆活动度

骨盆倾动

Pelvic Tilt

每回 5 次×每次 10 秒

增进荐髂关节的活动，加强骨盆稳定

久坐、少动的生活形态是现代人造成肌肉紧绷无力，限制关节活动能力，使得疼痛、退化、失调的问题越趋年轻化且日益严重的主要原因。**“骨盆倾动”主要是放松背部肌肉，并增进荐髂关节的活动力，借以加强骨盆稳定力量**，是针对骨盆与脊椎稳定运动中的基础。

Point 注意重点

POINT 1
头颈放松，不耸肩。

POINT 2
双脚屈膝踩地，打开与骨盆同宽。

POINT 3
臀部平均贴地，维持脊椎自然弧度。

第一次吐气▶感觉将肚脐往地板贴近，进行“骨盆往后”的运动。

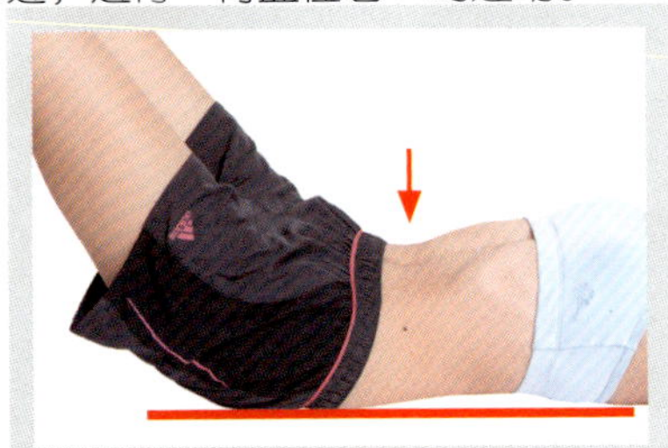

第二次吐气▶感觉是平躺翘臀，进行“骨盆往前”的运动。

1

身体平躺，确认骨盆与臀部两侧平均施力轻贴地面，双手伸直轻放身体两侧，掌心朝下，肩膀放松不提起，双脚屈膝踩地，打开与骨盆同宽，双脚脚底大、小脚趾脚球与脚跟三点贴平地面，吸气预备。

2

吐气，腹部收缩，双脚踩稳地面，肚脐向地板方向贴进，带动尾椎骨从地面朝肚脐方向蜷起，感觉下背被延伸，到位后保持自然呼吸，维持10秒，骨盆还原，回到预备位置。

3

吸气预备，吐气，腹部收缩，双脚踩稳地面，后背向天空方向前推，让腹部前方肌肉延伸，感觉像平躺翘臀，到位后，保持自然呼吸，维持10秒。

►►►吐气，骨盆还原，回到预备位置，整套动作做5次。

运动部位

臀肌　骨盆　荐骼关节

躺姿臀肌伸展

Supine Gluteus Stretch

左右脚各做 3 次×每次 15 秒

增进髋关节活动与骨盆稳定

盘腿打坐、电脑族、收腹夹臀，容易造成骨盆后倾，甚至走路外八，而长时间将身体重心压迫在臀肌上，造成髋关节酸痛无力及肌肉紧绷的情形。**“躺姿臀肌伸展”主要在放松臀大肌及臀部周遭深层的肌肉群，借此增加骨盆平衡稳定的力量。**

Point 注意重点

Action 动作开始

1

身体平躺，脊椎维持自然弯曲弧度，确认骨盆与臀部两侧平均施力轻贴地面，肩膀放松不提起。

2

左腿弯曲踩地，右脚弯曲提起，小腿轻放左脚膝盖上方，右手穿过两腿中间与右手同时扶住左大腿后方，吸气预备。

3

吐气，腹部收缩，双手辅助左脚提起离地，往胸口方向轻轻抱近时，右膝朝下方轻压，产生左右制衡，直到感觉臀肌被伸展。到位后，保持自然呼吸，停留15秒。

4

将左腿踩回地面，放开右脚，双腿回到预备位子，换脚，双脚各做3次。

伸展紧绷的臀肌（二）

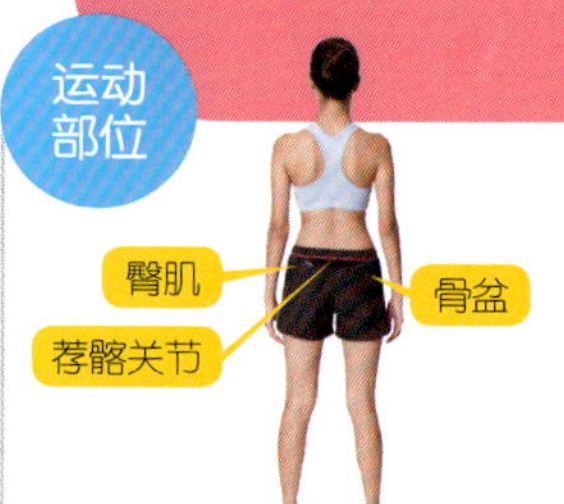

坐姿臀肌伸展

Sitted Gluteus Stretch

左右脚各做 3 次×每次 15 秒

增进髋关节活动与骨盆稳定

“坐姿臀肌伸展”与躺姿大致相同，唯坐姿较不受场地限制，即使在办公室也可以随时做，效果一样好。**当臀肌放松了，髋关节的活动自然轻松，走起路来也轻盈许多，相对的也比较不容易弯腰驼背。**

Point 注意重点

POINT 1
坐在椅子 2 / 3 处。

POINT 2
身体先往天空延伸之后，背部直立拉高，再慢慢往前倾。

POINT 3
弯曲的小腿要放在膝盖上方，不要将脚踝放在膝盖上方，容易造成脚踝的压迫。

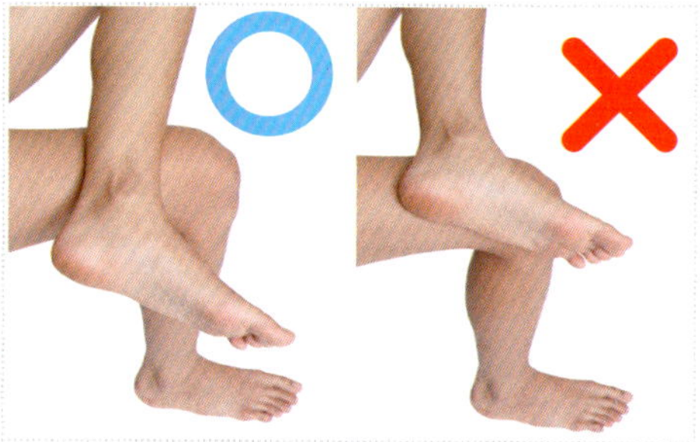

Dr.Wu 的专业叮咛

动作如果正确，只要微微地往前倾，就可以感觉到臀大肌的伸展，对于改善久坐族的臀部酸痛很有帮助。

1

坐稳椅子前2/3处，将左腿举起弯曲跨放在右膝上，有如数字4的形状，一手扶住小腿，一手扶住膝盖，背部坐直拉高，吸气预备。

2

吐气，腹部收缩，先将身体脊椎往上延伸拉高后，带动身体向前弯，直到臀部肌肉感觉被伸展，到位后保持自然呼吸，停留15秒。

3

再慢慢将身体带回预备位置换脚。重复上述步骤，左右脚各做3次。

变化动作

除了朝正前方伸展外，也可以将身体往斜前方停留，借此训练到不同的肌肉。

伸展放松骨盆底肌肉

蛙式伸展

Frog Legs

每回 5 次×每次 15 秒

减轻骨盆关节的压力，增加稳定力量

骨盆底肌肉是维持正确姿势体态最重要的肌肉之一，却常因久坐、少动而紧绷无力，牵连子宫、膀胱，及肠道等器官，可能导致胎位不正、漏尿或便秘问题。**“蛙式伸展”主要在放松骨盆底肌肉，减轻骨盆与腰椎关节压力，并伸展下背及大腿内侧肌肉，以矫治歪斜的骨盆。**

Point 注意重点

POINT 1
骨盆与臀部两侧力量要平均。

POINT 2
双脚轻松往两侧打开。

POINT 3
双手轻轻扶住膝盖。

动作开始

1

身体平躺，确认骨盆与臀部两侧平均施力轻贴地面，双脚弯曲提起离地，双手轻放膝盖上方，肩膀放松不提起，吸气预备。

2

吐气，腹部收缩，肚脐内收带动腰椎向地板贴近，尾椎骨轻轻朝肚脐蜷起，双手将双腿向两侧轻松稳定分开，到位后保持自然呼吸，维持15秒。

3

双脚合并，尾椎骨轻放贴回地面，回到预备位置。共做5次。

强化背肌与身体的协调性

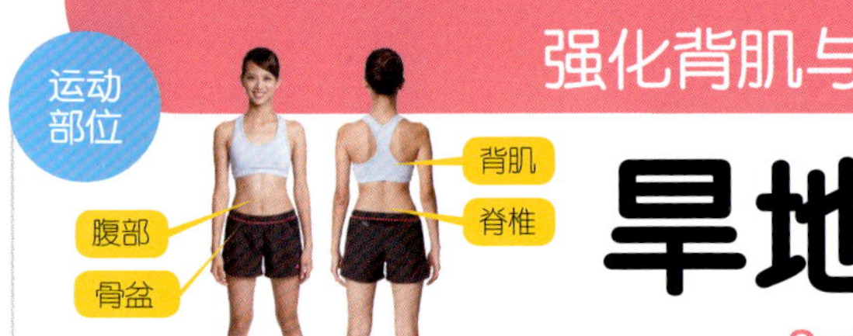

旱地游泳

Swimming

每回 5 次×每次 5 秒

训练身体平衡、稳定及协调性

从早到晚向前弯曲身体的动作，让前方胸肌紧绷，相对后方借以平衡的背肌，则长期缺乏足够的训练，最终难敌地心引力的带动而形成弯腰驼背的姿势体态，不但极速提早退化，更是疼痛的来源。**“旱地游泳”主要在加强背部肌肉耐力，训练身体平衡稳定及协调性。**

Dr.Wu 的专业叮咛

此动作的重点在训练背部肌肉耐力与全身的平衡稳定度，双脚在动作中应尽量保持延伸拉长，高度不是重点，脚勿抬得太高，以免骨盆无法保持稳定而外翻受伤。

1 身体轻松趴下，下巴微收，骨盆两边平均贴地，双手向前伸直，双脚微开伸直轻贴地面。吸气预备。

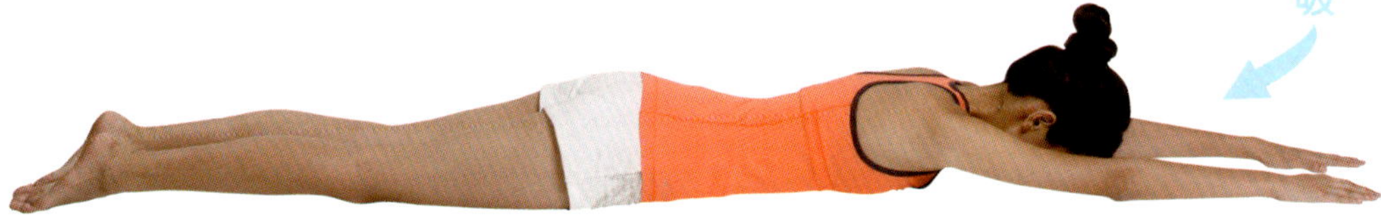

2 吐气，腹部收缩，右手、左脚向前后延伸同时，慢慢提起离地，维持5秒。

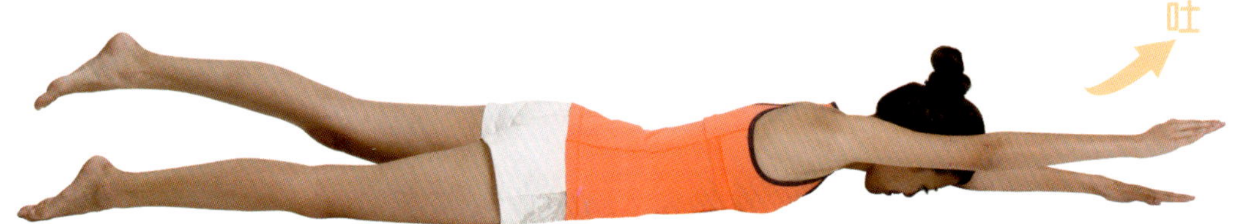

3 右手左脚轻放地面，回到预备位置。重复上述步骤，每边各做5次。

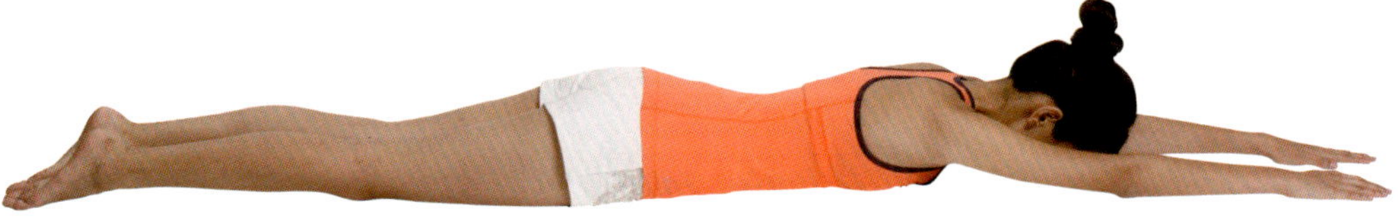

增进全身平衡感

运动部位

腹部　股四头肌　脊椎　骨盆

单脚平衡

Single Leg Stand

左右脚各做 3 次×每次 15 秒

训练全身肌肉，强化下肢关节的稳定性

同手同脚、跌倒扭伤、腰酸腿痛常是因为动太少，使得全身肌肉协调性与脑部平衡感缺乏刺激及训练，显得不够灵活控制所致。“单脚平衡”主要在训练全身整体协调性与平衡感，增进脚踝、膝盖、骨盆与髋关节的稳定性，以及强化腹部、双腿及骨盆底肌肉群耐力。

Point 注意重点

POINT 1
手肘微弯，轻扶门框。

POINT 2
膝盖不要左右晃动。

POINT 3
脚底的三个金三角要保持稳定踩地。

POINT 4
不要驼背，身体向天空延伸拉长。

POINT 5
骨盆不要前倾或后仰。

Dr.Wu 的专业叮咛

看似简单的小动作，暗藏许多健康关键！

你能单脚站立多久呢？一般来说，不常运动的人只能维持几秒甚至更少，如果你的脚踝或全身会不停地摇晃，代表平衡感较差，身体协调度也不佳。

如果平衡感不好，身体活动会变得很迟钝，在协调不佳的情况下就容易受伤，多加练习平衡与协调可让身体与头脑一起变得更灵光，也变得更年轻，建议在家以赤脚踩在运动垫上进行，不要穿袜子以免滑倒。

Action

动作开始 吸

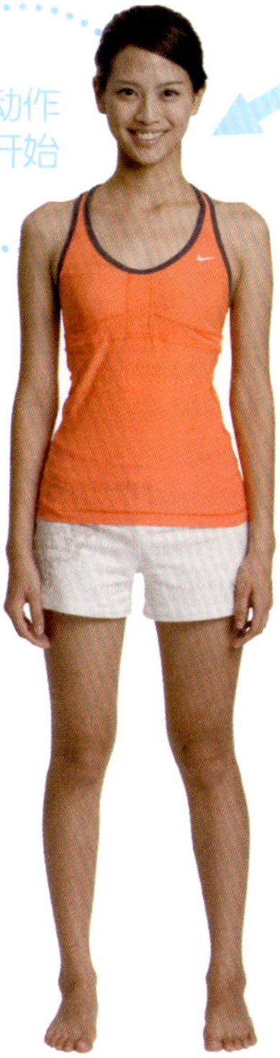

吐

1

直立站姿，身体轻松延伸拉高不驼背，不耸肩。双手轻松垂放身体两侧，掌心朝内。双脚脚底大、小脚趾脚球与脚跟三点贴平地面，吸气预备。

2

吐气，腹部收缩，双手手肘微弯扶住门框。慢慢先将右脚提起膝盖弯曲，眼睛打开，保持身体延伸拉高，骨盆不前倾也不后仰，膝盖、脚踝不晃动、不扭转，到位后维持自然呼吸，停留15秒还原换脚，双脚各做3次。

变化动作1 挑战版

放开门框，双手打开挑战

两手向左右打开，想象头顶有一条线往上拉，维持自然呼吸，保持身体的延长拉高，加强平衡感的训练，停留20秒，还原换脚，双脚各做3次。

双脚各做 3 次 × 每次 20 秒

变化动作2 进阶版

双手环抱，闭起眼睛停留

将双手环抱在胸前，此时身体重心支点回到正中间，需要更高的稳定度才能够站得住。接着闭起眼睛，当眼睛闭起来时，即失去视觉带来的安全感使得身体难以控制平衡，大幅增加脑部与肢体间协调能力的训练。

双脚各做 3 次 × 每次 20 秒

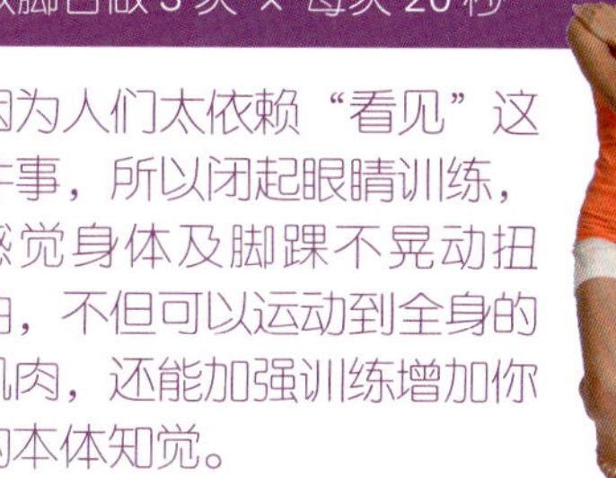

因为人们太依赖“看见”这件事，所以闭起眼睛训练，感觉身体及脚踝不晃动扭曲，不但可以运动到全身的肌肉，还能加强训练增加你的本体知觉。

运动部位

腹部
骨盆
腿

单腿提腿

Leg Lifts

左右脚各做 5 次×每次 10 秒

训练双腿肌力与协调，增加骨盆稳定性

骨盆与脊椎活动不良、疼痛甚至歪斜扭转，常因双脚不够灵活运用，导致髋关节缺乏活动训练而受限，甚至退化。“双腿平衡”主要在训练双腿在各面向中的协调活动与平衡感，并增加髋骨关节活动度及骨盆稳定性。

Point 注意重点

POINT 1 老年人或髋关节受过伤的人可以扶着椅子。

POINT 2 骨盆不要前倾或后仰。

POINT 3 踩地的脚踝及膝盖保持稳定。

Dr.Wu 的专业叮咛

“上半身稳定”搭配“缓慢速度”更有效！

动作时，往前伸及往外展，一般来说肌肉较有力气所以也比较容易做到，如果你平时较少运动，往后伸及往内收时会感觉髋关节有些酸痛、紧绷的现象，注意身体不要前倾，踢出的角度不用太高，速度也不用太快，重点在增进髋关节活动，要感觉髋关节被松开不压迫，上半身维持直立延伸，骨盆千万不可前倾或歪斜。

感觉自己像向量曲线，脚往前伸时，同时身体也要往上延伸，如此身体才能维持在平衡的支点上，如果身体倾斜，那么支点歪掉，就很容易出现体态扭转的问题，因此要先将身体的感应器打开，找出身体主导权及平衡感，在做任何动作及张力的训练时，就会非常确实。

1

直立站姿，身体轻松延伸拉高不驼背，不耸肩，双脚脚底大、小脚趾脚球与脚跟三点贴平地面，吸气预备。

2

吐气，腹部收缩，右脚从髋关节向前延伸提起离地，停留10秒，还原，回到预备位置。

3

吸气预备，吐气，右脚从髋关节向后延伸提起离地，停留10秒，还原回到预备位置。

4

吸气预备，吐气，右脚从髋关节向外展开，停留10秒，还原回到预备位置。

5

最后右腿从髋关节向内收进，跨至左脚前方，脚尖放轻松，保持身体上半身、骨盆及脚踝平衡稳定、不晃动也不前后仰。停留10秒，还原，回到预备位置。

▸▸▸重复上述步骤，换脚，双脚各做5次。

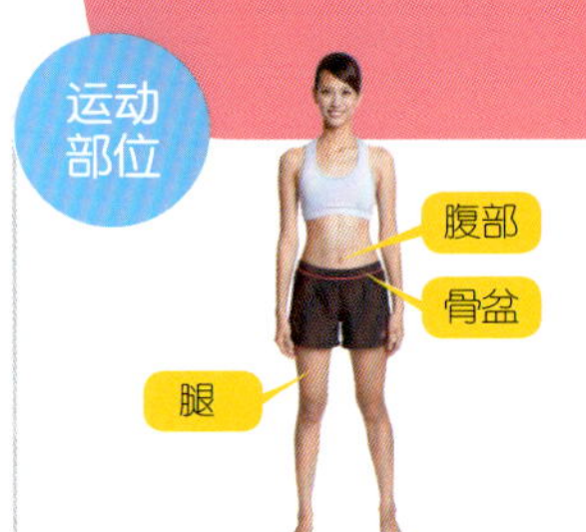

前行运动

Heel to Toe Walk

每回 5 趟×每趟 30 步

增加下肢关节活动及骨盆稳定性

行走及跑跳动作直接反映出双腿肌肉力量与髋关节灵活及协调度的好坏，影响全身平衡稳定感，保持良好的姿势体态，更可减少跌跤受伤的发生。**“前行运动”主要在训练全身协调性与平衡感，增加髋骨、脚踝及膝盖关节活动度及骨盆稳定性。**

Point 注意重点

POINT 1
颈部放松，眼睛直视前方。

POINT 2
双手打开与地面平行，平衡身体。

POINT 3
膝盖、脚踝保持稳定踩地。

POINT 4
双脚直线前进。

Dr.Wu 的专业叮咛

双手往前伸直，锻炼更多平衡感！

平衡感不佳的人，一开始练习时难免会有左右摇晃的情况出现，这时请不要气馁，多练习几次后，就会越来越顺利地走完一直线，接着你可以将双手往正前方伸直练习。

双手往前时，对抗地心引力的阻力会变大，重心阻力增加，难度也提高了，这时要用更多的力气及平衡感来让自己顺利走完一直线。

►►►动作不管多慢都没有关系，重点是不要驼背、低头，保持脊椎直立延伸，每一步都要脚跟对齐脚尖，确实地让每一个脚步准确踏稳才是最重要的。

直立站姿，身体轻松延伸拉高不驼背，不耸肩。双脚脚底大、小脚趾脚球与脚跟三点贴平地面，吸气预备。

双手向左右打开与地面平行，吐气，腹部收缩，头颈放松，眼睛直视前方，感觉身体向上延长，脚踝及身体不摇晃、不扭转、骨盆不前弯也不后仰。右脚向前跨一步后，左脚脚尖尾随右脚脚跟，对齐维持一条直线向前移动，保持自然呼吸走30步。每回走5趟。

变化动作

将双手交叉放在胸前，并且闭起眼睛，训练平衡感效果更好！

行走时骨盆不要左右摇晃，眼睛闭起练习时，可以清楚感觉脚步及身体是否歪斜，对于平衡协调较不敏感的人来说有些困难，可以作为判断平衡感的小测试，但对平衡感训练是非常好的动作，重点在训练脚踝与骨盆关节的稳定度，脚踝与骨盆关节稳定之后，平衡感自然就会提升。

▸▸▸请选择宽敞的空间练习，以免撞到家具物品而受伤！

强化背肌及核心肌群

运动部位

四足跪姿

Horse Stance

每回 5 次×左右脚各做 5 次×每次 15 秒

避免产生骨盆与脊椎关节扭转

修长紧实的体态总教人羡慕不已，关键在于维持正确姿势的肌肉耐力、关节灵活度以及与脑部协调性。“四足跪姿”正好可以符合这些要素，不只强化全身背肌及核心肌群耐力，还增进脊椎、骨盆及下肢关节稳定度，避免产生骨盆与脊椎关节歪斜、扭转，是骨盆稳定与减轻下背疼痛最有效的动作之一。

Point 注意重点

POINT 1
背部不要拱起与下压。

POINT 2
骨盆稳定不摇晃。

POINT 3
抬起的脚需与骨盆同高。

POINT 4
不要过度抬头，视线自然往下方看，脖子往前方延伸。

1 跪姿，双膝打开与骨盆同宽，双手手臂伸直与肩同宽，手腕位于肩膀关节正下方，双手手掌撑地。背部从头到骨盆与平面与地板平行，不拱起也不下压。吸气预备。

2 吐气，腹部收缩，左脚向后延伸提起离地与骨盆同高，保持身体稳定后，再将右手向前延伸提起离地与肩膀同高。确认身体前后延长拉长、骨盆不摇晃、不扭转。到位后，保持自然呼吸，维持15秒。

3 将左脚、右手放下，回到预备位置。换边，做5次。

脊椎运动

Rolling Down

每回 3 次×每次 10 秒

训练全身肌肉柔软与脊椎活动度

脊椎、骨盆与肢体关节之间的稳定性、灵活度与柔软度是决定身体动静之间的关键，更是刺激心、智发展的基本要素。**“脊椎运动”主要在训练全身整体肌肉柔软度与关节活动度，借此增进彼此协调与平衡稳定感。**

Dr.Wu 的专业叮咛

蜷到那边紧，
就代表那边有问题！

吐气时肚子微缩，用腹肌的力量来让身体稳定，注意在蜷动一个地方时，其他的部位就要保持不动，例如：蜷动到肩膀时，膝盖不能弯曲；蜷动的过程中，如果感觉那个部位较紧，卷不下去的时候，例如：蜷动腰椎时很紧绷，就代表腰部肌肉较紧绷，关节活动不良，可能会出现较多酸痛问题。

你也能同时观察，蜷到膝盖时，身体会不会开始摇晃，如果摇晃代表可能平衡感或关节稳定性较差，经常练习这个动作，不仅能活动到全身的关节及肌肉，还能训练本体知觉及双脚的稳定度。

1

直立站姿，身体轻松延伸拉高不驼背，不耸肩。双手轻松垂放身体两侧。双脚脚底大、小脚趾脚球与脚跟三点贴平地面，吸气预备。

2

吐气，腹部微收上提，身体延伸拉高，从头颈到胸腔慢慢随一节一节脊椎轻松蜷曲下来。

3

再到腰椎、骨盆带动膝盖微弯。

4

接着到全身蜷曲蹲下，确认脚底大、小脚趾脚球与脚跟三点依旧贴紧地面，到位后，维持自然呼吸，停留10秒。

▶▶▶吸气预备，吐气，腹部收缩，双脚脚底大、小脚趾脚球与脚跟三点踩稳推离地面，从小腿、膝盖、骨盆一节一节慢慢伸直，再到腰椎、胸椎、颈椎到头部，身体依旧维持延伸拉高的感觉，回到预备位置，来回做3次。

运动部位

大腿 膝盖

滑墙运动

Wall Slide

每回 5 次×每次 10 秒

增加双腿力量，稳定膝盖关节以及骨盆

膝盖关节疼痛、无力最初的原因，往往不是骨骼关节的本身，而是久坐、以车代步及缺乏运动等，这是造成大腿前方股四头肌力量不足的主因。"滑墙运动"主要在强化大腿前方股四头肌肉的肌耐力，增加双腿力量，借以稳定膝盖关节以及骨盆。

Point 注意重点

POINT 1 头、后背、臀部紧贴墙面。

POINT 2 双手放在大腿两侧。

POINT 3 视个人力量慢慢往下滑，不要勉强，以双腿不发抖为宜。

POINT 4 膝盖与身体同向，不要内外转。

Dr.Wu 的专业叮咛

训练"股直肌"，加强稳定骨盆及膝盖！

"股四头肌"顾名思义可分出四条肌肉，其中最重要的一条肌肉叫做"股直肌"，它是股四头肌中唯一一条跨过骨盆关节及膝盖关节的肌肉，最主要是帮助"膝盖伸直"，如果股直肌的肌耐力不够强壮或太过紧绷，会让膝盖弯弯的，甚至扭转歪斜，造成骨盆歪斜不正，所以加强训练股直肌，就能够稳定你的骨盆及膝盖。

要加强平衡，你可以于滑动前，在两膝中间夹一个球或是抱枕，可增加动作的稳定性，滑下停留 10 ～ 15 秒之后，再将膝盖往内夹 10 秒，两个脚板的宽度保持不动，接着再慢慢滑上来，对于股直肌有非常好的训练功效，还可同时训练大腿的内侧肌。

头、后背、臀部贴紧墙面直立站好，双脚向前跨一步（约30cm）。双手轻松垂放身体两侧。感觉双脚脚底大、小脚趾脚球与脚跟三点贴平地面，身体拉高延伸，吸气预备。

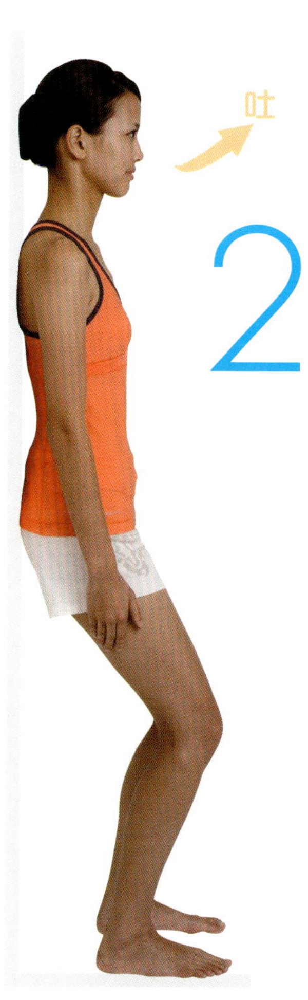

吐气，腹部收缩，膝盖放松弯曲，身体慢慢顺墙壁滑下，直到大腿前方感到用力但不发抖处停止，膝盖与脚尖与身体同向，不翻转，到位后保持自然呼吸，维持10秒。

身体慢慢顺着墙壁滑回到预备位置。重复上述步骤，每一次可依身体状况增加向下滑的距离，重复5次。

放松小腿肌肉群

运动部位

消除萝卜腿

Calf stretch

左右脚各做 5 次×每次 15 秒

放松紧绷的后跟腱，消除萝卜腿

骨盆歪斜、倾倒会改变身体重心及双腿正确用力的习惯，造成小腿肌肉酸痛僵硬及后跟腱紧绷，无法轻松弯腿蹲下，“萝卜腿”也是这样被养出来的。“消萝卜运动”主要在伸展小腿后方肌肉，放松紧绷的后跟腱，让走起路来双腿感觉更轻松。

Point 注意重点

Dr.Wu 的专业叮咛

确认身体、脚尖与膝盖皆朝前方，不左右扭转。骨盆不前倾后仰，也不左右扭转喔！

POINT 1
双手手臂需伸直。

POINT 2
骨盆往前，
不左右扭转。

POINT 3
后脚伸直，不弯曲。

POINT 4
脚跟贴地。

Action 动作开始

1

身体直立面对墙壁2～3步（60～90cm）的位置站好，双手手臂伸直，手掌轻推墙壁，感觉双脚脚底大、小脚趾脚球与脚跟三点贴平地面，吸气预备。

2

吐

左脚向后跨一步，膝盖微弯，左脚膝盖伸直，脚跟贴地，感觉左脚小腿后方肌肉确实被伸展，到位后保持自然呼吸，维持15秒。

3

先将右膝慢慢伸直，再将左脚带回预备位置，重复上述步骤，做3次，换脚。

变化动作 利用楼梯来做伸展！

双脚各做5次 × 每次15秒

1. 身体站立，脚掌前半部站在楼梯边缘，脚跟悬空，一手扶稳楼梯把杆，另一手轻松垂放身体侧边。

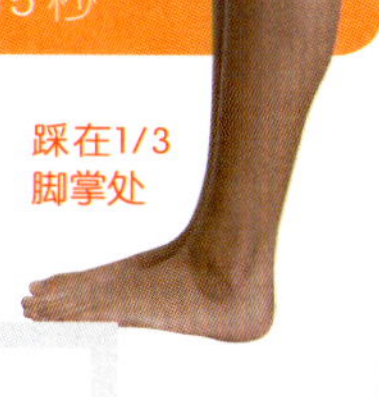

2. 慢慢将身体重量放松，双脚脚跟向下垂放延伸，感觉脚跟、小（大）腿后方到臀部延伸拉长，维持15秒。接着慢慢将脚跟向上提起，回到预备位置。重复上述步骤，做5次。

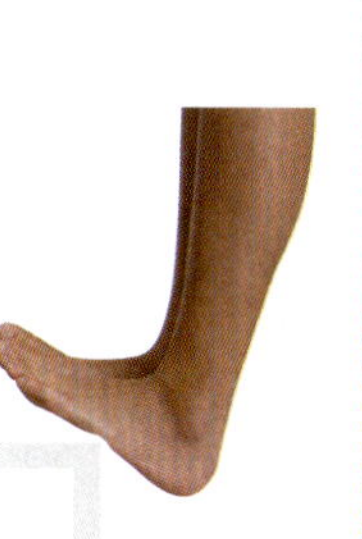

增加大腿内侧肌耐力

侧躺抬脚

Leg lifts side posture

左右脚各做 5 次×每次停留 5 秒

活动髋骨关节，加强骨盆稳定的力量

外八字、O 型腿、骨盆后倾的产生，**常常是因为久坐、少动使得双腿内侧肌肉力量无力，而外侧又太过紧绷，造成关节歪斜甚至变形所致。**“侧躺抬脚”主要在训练大腿内侧肌肉耐力，活动髋骨关节，加强骨盆稳定的力量。

Point 注意重点

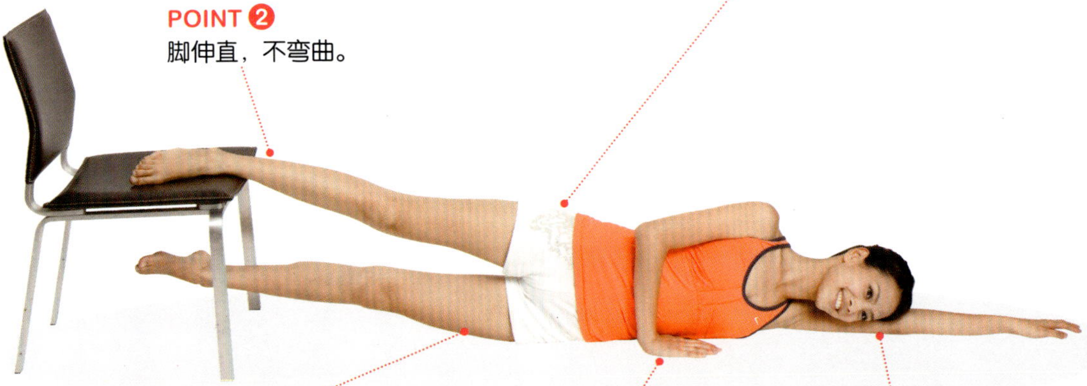

POINT 1
骨盆不要前倾或后仰。

POINT 2
脚伸直，不弯曲。

POINT 3
以髋关节为起点，感觉先将整条腿往下延伸之后，再往上抬。

POINT 4
右手放在胸前撑住地板维持平衡。

POINT 5
头部靠在伸直的手臂上，不要用手撑住头部。

1 身体向左侧躺双脚伸直，下方的手伸直垫在头部下方；上方的手放在胸前支撑维持平衡，确认肩膀不耸高、骨盆及身体不前翻也不后仰，感觉耳朵、肩膀、骨盆、脚踝都位于同一直线。将右腿放在椅子上，左脚伸直放于椅下，吸气预备。

2 吐气，腹部收缩，从左大腿髋关节开始延伸抬起离地，右腿维持骨盆及身体不晃动歪斜，到位后，维持自然呼吸，停留5秒。

3 左腿放下回到预备位置，动作5次后换脚。

变化动作

右脚往前踩地，可以加强稳定骨盆！

左右脚各5次×每次停留5秒

你也可以将椅子拿掉，将上面的脚跨过下方大腿来固定上半身，每一次先将整条腿向下延伸，连续做抬起放下的动作。

运动部位

臀部拉提

Hip extension

左右腿各做 10 次×每次 10 秒

训练臀大肌，强化骨盆的稳定

臀部松垮下垂是每位女人最害怕发生的事，也是骨盆歪斜倾倒的原因之一，许多人以为夹臀是紧实拉提臀部的最佳办法，但却夹到臀肌都发炎了仍不见改善。“臀部拉提”主要在训练臀大肌与臀部周遭肌肉耐力，等肌肉有力气了，相对的臀部自然紧实，不松垮也不会下垂啰。

Point 注意重点

POINT ❶
从髋关节出发，先将腿往后延伸，再向上抬起离地。

POINT ❸
双手交叠，额头贴放在手背上，不要将下巴靠在手上造成仰头。

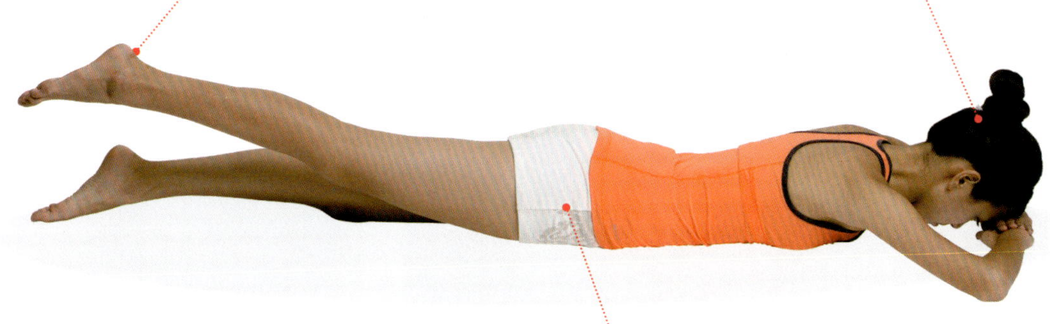

POINT ❷
骨盆稳定，不左右移动。

1

趴姿，双手交叠放至额头下方，确认肩膀不耸高、骨盆左右两侧与大腿前方平均贴地，吸气预备。

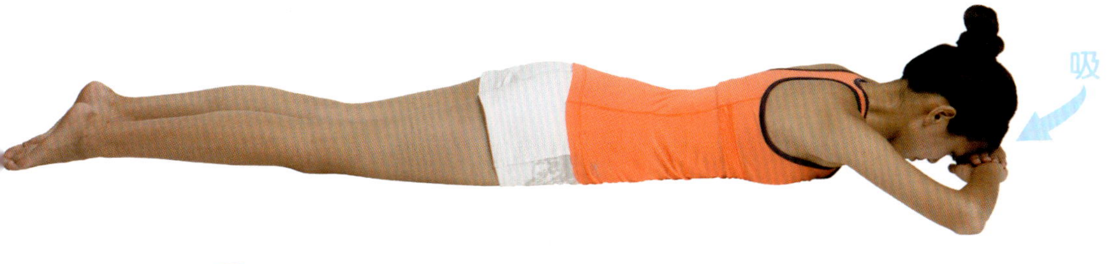

2

吐气，腹部收缩，右腿从髋关节处向下延长伸直离地，到位后，保持自然呼吸，停留10秒。再慢慢放下回到预备位置。换脚重复上述步骤，双脚各做5次。

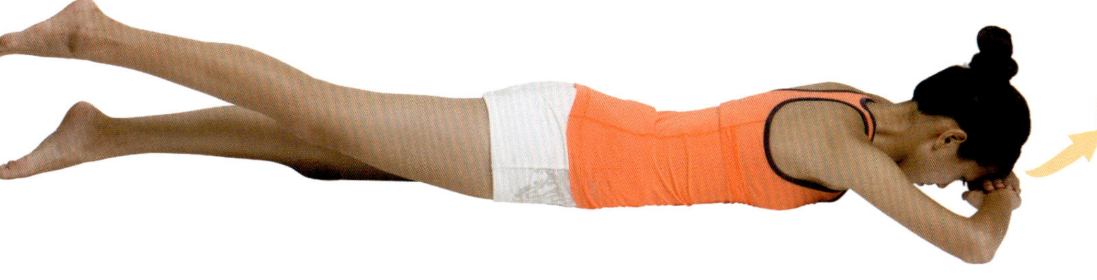

Dr.Wu 的专业叮咛

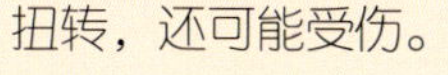

不是脚抬越高，效果就越好！

脚抬过高会使骨盆失去平衡稳定力量而翻转，不但无法训练到臀肌肌力，达到拉提效果，反而让骨盆歪斜扭转，还可能受伤。

放松紧绷后腿肌

运动
部位
大腿
膝盖
小腿
骨盆
后腿

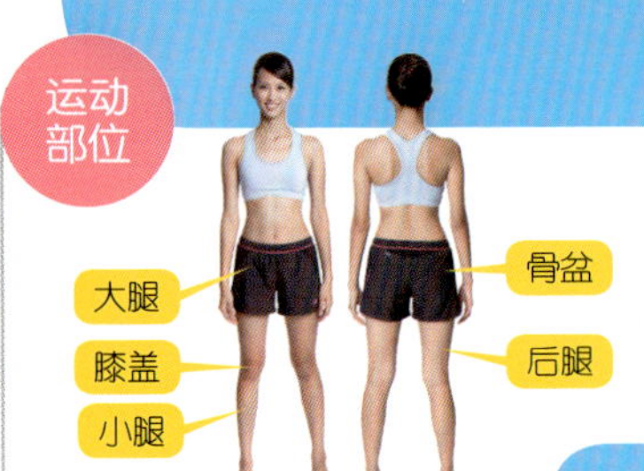

后腿肌伸展

Hamstring Stretch

左右脚各做 3 次×每次 30 秒

放松腰部关节压力，改善骨盆后倾

久坐的腹翁腹婆们，臀部长期处于被压迫状态，造成后腿肌超级紧绷，既坐不正，两腿又伸不直，这是骨盆后倾的标准体态。“后腿肌伸展”主要在放松紧绷的大腿后侧肌肉，借此放松腰部关节压力，改善骨盆后倾的问题。

Point 注意重点

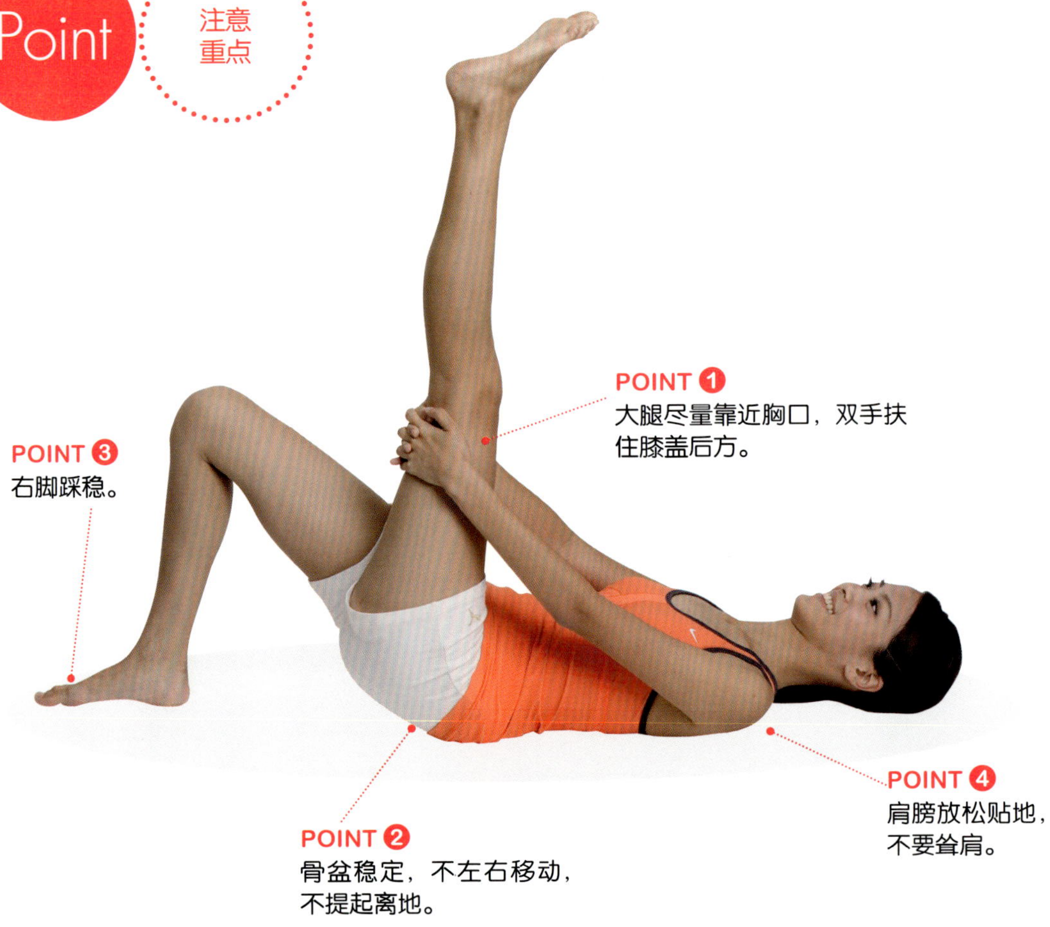

POINT 1
大腿尽量靠近胸口，双手扶住膝盖后方。
POINT 3
右脚踩稳。
POINT 2
骨盆稳定，不左右移动，不提起离地。
POINT 4
肩膀放松贴地，不要耸肩。

1

身体平躺，双膝弯曲踩在垫上，双手掌心朝下，轻松放至身体两侧，保持腰部自然弧度，感觉脚底大、小脚趾脚球与脚跟三点贴平地面，吸气预备。

2

左脚提起，双手扶住膝盖后方，吐气，腹部收缩，双手协助左脚向胸口拉近，但骨盆不翻转也不离地，到位后保持自然呼吸，维持30秒，双脚各做3次。

变化动作 办公室的简单伸展动作！

左右脚各3次 × 每次停留30秒

在办公室里随时拿起椅子，就可以做伸展紧绷的后腿肌肉喔！

1. 首先将两边骨盆坐稳椅子，双手放置大腿上，右脚提起放在椅子上，左脚轻松平稳踩地，吸气预备。
2. 吐气，腹部收缩，将身体如抛物线般向天空延伸拉高，再向前弯曲直到感觉后腿肌被伸展。
3. 到位后，保持自然呼吸，停留30秒后，还原换脚，双脚各做3次。

增加脚踝关节活动力

踩踏板运动

Ankle pump

每回 5 次×每次 10 秒

POINT 1
骨盆与臀部两侧平均施力平躺。

POINT 3
脚板轻轻下压。

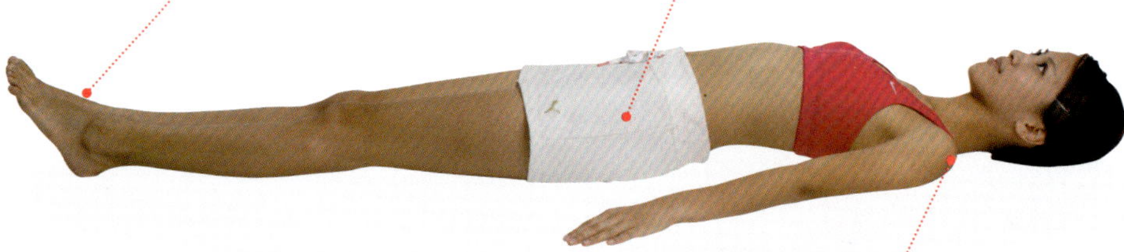

POINT 2
肩膀放松，不耸肩。

1

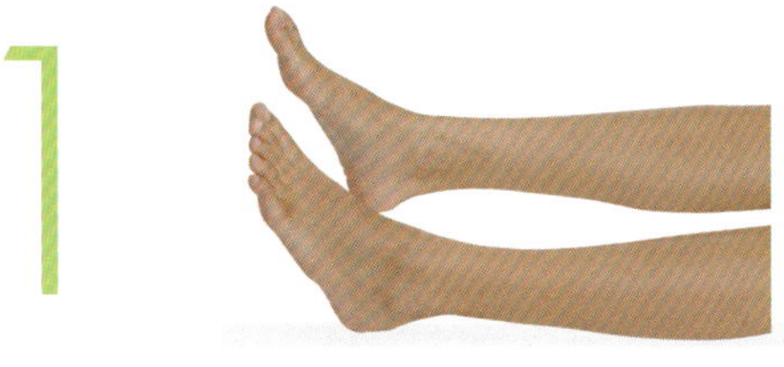

吸气

身体平躺，脊椎维持自然弯曲弧度，确认骨盆与臀部两侧平均施力轻贴地面，肩膀放松不提起，双脚放轻松。吸气预备。

2

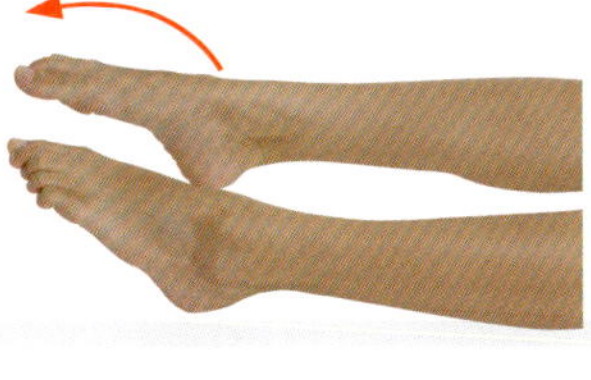

吐气

吐气，腹部收缩，双脚脚板向地板轻轻下压，到位后保持自然呼吸，停留10秒，还原。

3

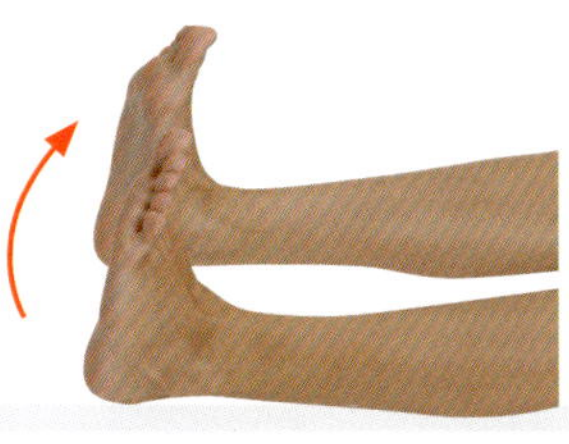

吐气

吸气预备，吐气，腹部收缩，脚板向天空轻轻勾起，到位后保持自然呼吸，停留10秒。向上/向下各做5次。

脚踝运动

Ankle motion

左右脚各做 5 次×每次 10 秒

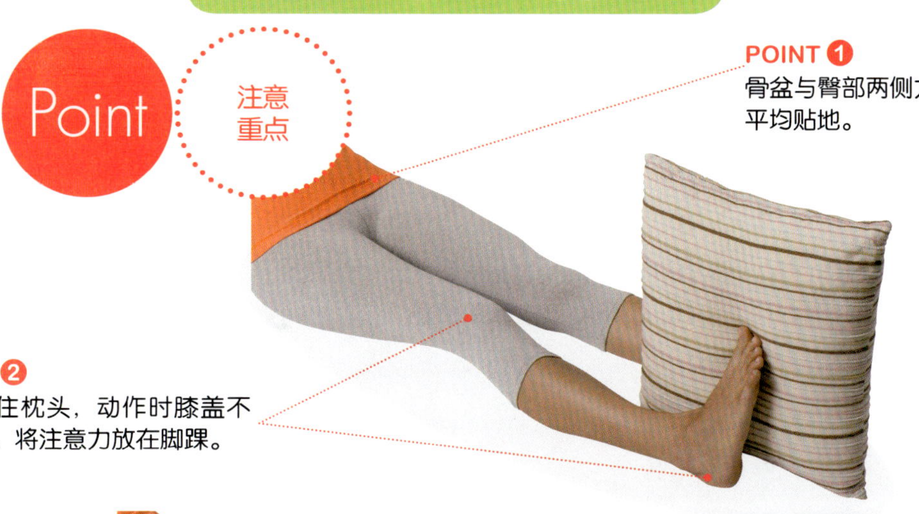

POINT 1
骨盆与臀部两侧力量平均贴地。

POINT 2
双脚夹住枕头，动作时膝盖不要转动，将注意力放在脚踝。

旋前动作（右脚）

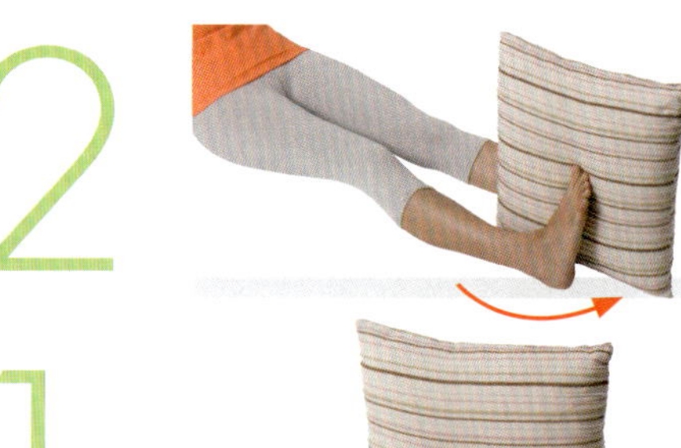

1 吸气 身体平躺，肩膀放松不提起，脊椎维持自然弯曲弧度，确认骨盆与臀部两侧平均施力轻贴地面，双脚脚踝之间夹一枕头。吸气预备。

2 吐气 吐气，腹部收缩，右脚底往左翻转，让右脚掌夹住枕头，到位后保持自然呼吸，停留10秒。还原，做5次换脚。

旋后动作（左脚）

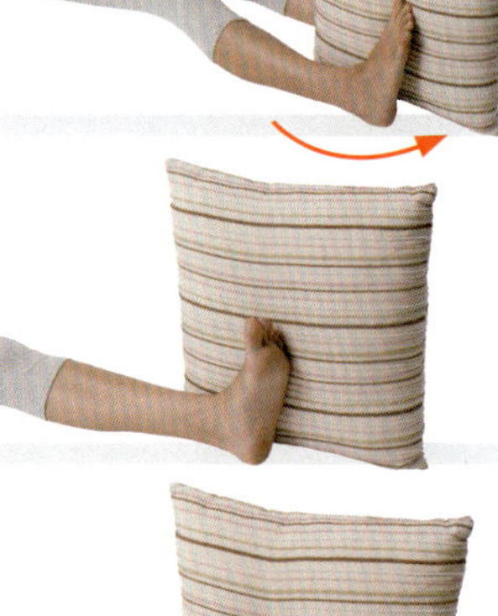

1 吸气 身体左侧靠墙平躺，左脚踝与墙面间轻靠一枕头，脊椎维持自然弯曲弧度，确认骨盆与臀部两侧平均施力轻贴地面，肩膀放松不提起。吸气预备。

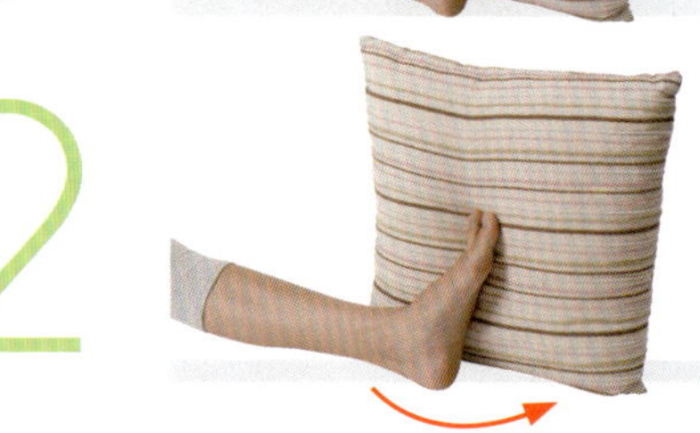

2 吐气 吐气，腹部收缩，左脚底往左翻转，让左脚掌贴住枕头，到位后保持自然呼吸，停留10秒。还原，做5次换脚。

增加踝关节活动

运动部位

小腿

脚踝

踝关节写字

Ankle Alphabets

左右脚各 1 次

Point 注意重点

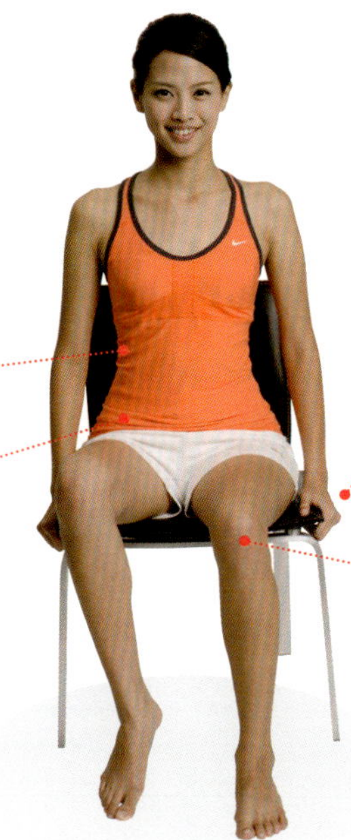

POINT 1
身体挺直，不驼背。

POINT 2
骨盆与臀部两侧力量要平均坐稳。

POINT 3
双手轻扶椅子边缘或床边。

POINT 4
膝盖放松不扭转。

吸

1

坐姿，左右两边臀部平均施力紧贴椅垫，双手轻松放至身体两侧，感觉脚底大、小脚趾脚球与脚跟三点贴平地面，身体延伸拉长，提起右脚，吸气预备。

2

吐气，腹部收缩，藉由大脚趾带动其他脚趾、脚踝在地面慢慢依序写出A、B、C或1、2、3到Z或30，保持自然呼吸，完毕后还原，接着换脚动作。

吐

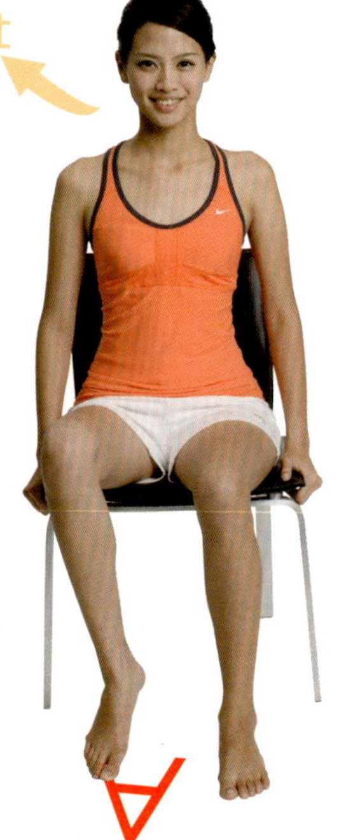

踮脚训练

Heel Raise

每回 5 次×每次 15 秒

注意重点

POINT 1
肩颈转松，不驼背。

POINT 2
注意双脚、膝盖、骨盆不翻转也不歪斜。

双手轻松垂放身体两侧，掌心朝内。

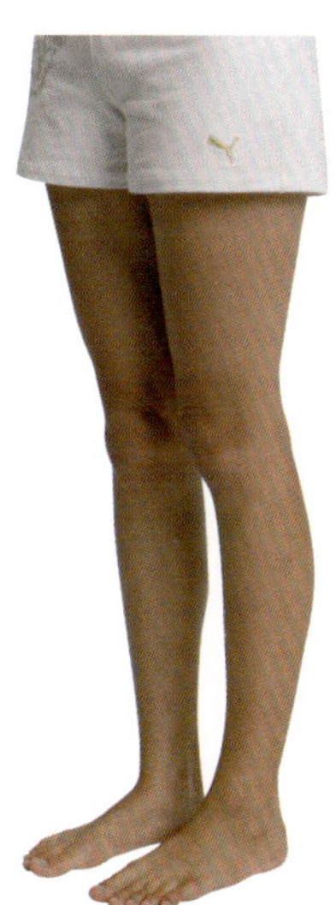

1 吸气

直立站姿，身体轻松延伸拉高不驼背，不耸肩。双脚脚底大、小脚趾脚球与脚跟三点贴平地面，吸气预备。

2 吐气

吐气，腹部收缩，身体延伸拉高，慢慢将身体重心前移到五根脚趾并将双脚后跟抬起。确定身体骨盆不摇晃，双脚脚踝不内外翻转，到位后保持自然呼吸，停留15秒。还原到预备位置，做5次。

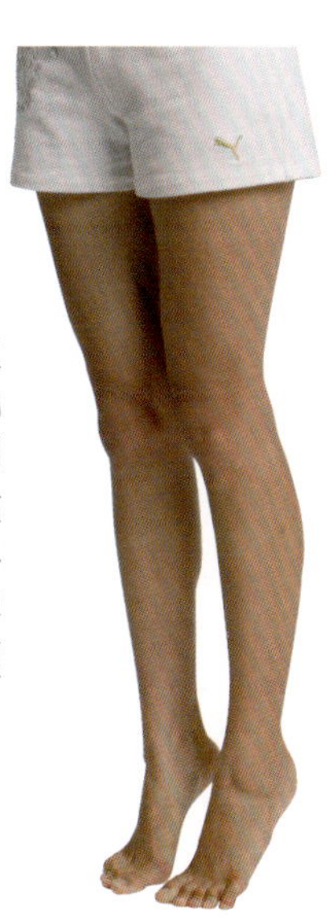

增进踝关节稳定度

勾脚训练

Toe Raise

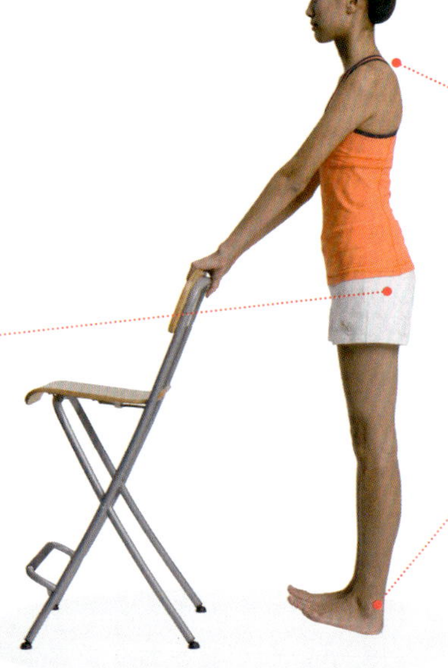

POINT 1
肩颈放松，不驼背。

POINT 2
骨盆不要前倾或后仰

POINT 3
脚踝不要内外翻转。

1

吸

直立站姿，身体轻松延伸拉高不驼背，不耸肩。双手扶着固定家具，双脚脚底大、小脚趾脚球与脚跟三点贴平地面，吸气预备。

2

吐

吐气，腹部收缩，身体延伸拉高，慢慢将身体重心后移到脚跟，并将五个脚趾尖抬起带动脚掌勾起。确定身体骨盆不后倾，双脚脚踝不内外翻转，到位后保持自然呼吸，停留15秒，还原回到预备位置，做5次。

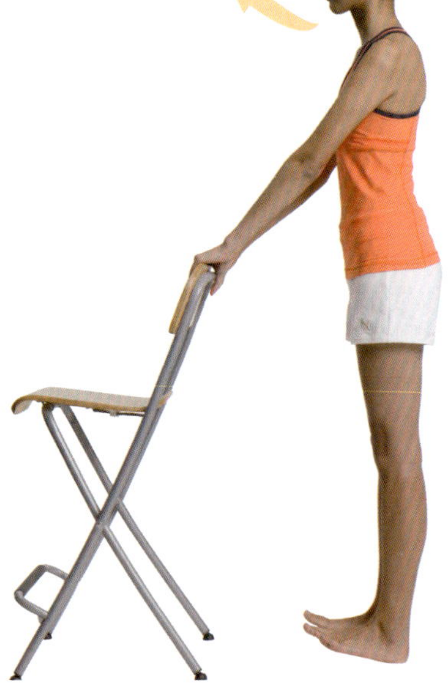

5 大抗力球动作

抗力球由天然橡胶或塑料制造，内灌空气，大小为 35 ~ 85cm 的球。球的大小选择应以坐立在球上，双脚平稳踩地时，骨盆与膝盖超大于 90 度为原则。抗力球应置于阴凉处，避免阳光直接曝晒，以免材料变质或释放不良化学物质。从 1963 年起，抗力球最早是用来训练婴幼儿神经系统与感觉统合的发展，**现今多用于复健及运动之上，对于训练全身平衡、骨盆稳定及肌肉协调运用，有相当好的效果。**

球上抬脚

Hip Flexion on Ball

每回 **10** 次×每次 **5** 秒

整天久坐在硬邦邦、毫无弹性的办公椅上，结果则是让全身肌肉、关节在平衡与协调上出现许多活动不良的问题，不是双腿紧绷、骨盆歪斜，就是脊椎僵硬、腰酸背痛，一种肢体不灵活又无精打采的感觉。抗力球具有极佳的延展弹性，是放松臀部与脊椎肌肉，以及训练全身平衡协调的好帮手。在“球上抬脚”要比坐在椅子上更具挑战性，**不仅训练大腿肌肉耐力，活动髋骨关节，连全身的肌肉都得配合协调运用，否则就会从球上滚下来，对于骨盆稳定，有相当好的成效。**

1

坐稳球上，身体延伸拉高，不耸肩、不驼背，双手叉腰帮助骨盆稳定，双脚弯曲踩稳地面。骨盆与上半身及下半部分各成90度角，吸气预备。

2

吐气，腹部收缩，右脚从髋关节处微微延伸抬起离地，左脚踩稳地面，身体保持直立平衡，骨盆稳定不滑动，到位后，保持自然呼吸，维持5秒，还原，回到原预备位置，做10次，换脚。

▶▶▶若无法稳定坐在球上，可将球贴紧墙面减少滚动，增加安全性。

增加膝关节伸展

球上伸腿

Leg Raise on Ball

每回 10 次×每次 5 秒

“球上伸腿”大致上与球上抬腿相同，**唯独“球上伸腿”除了活动髋关节外，另增加膝关节的伸展及更增加股四头肌的训练，对于全身及骨盆的平衡稳定更具挑战性。**

1 坐稳球上，身体延伸拉高，不耸肩、不驼背，双手叉腰帮助骨盆稳定，双脚弯曲踩稳地面。确认耳朵、肩膀与骨盆，以及膝盖、脚踝与骨盆各成90度角。吸气预备。

2 吐气，腹部收缩，右脚从髋关节处向前延伸抬起离地伸直，左脚踩稳地面，身体保持直立平衡，骨盆稳定不滑动，到位后，保持自然呼吸，维持5秒，还原，回到原预备位置，做10次，换脚。

Dr.Wu 的专业叮咛

身体保持直立，不要弯腰。

改善产后失禁的现象

骨盆画 8

Figure 8

顺 / 逆时针各 5 次

核心肌肉群又称为姿势体态肌群（Posture muscles），其中，以骨盆底肌肉最为陌生也最少被训练，但在功能上却非常的重要，**尤其是生产过后的妈妈们，骨盆底肉容易松弛产生“失禁”的现象。“骨盆画 8”除了可以增进骨盆关节活动外，更可以强化骨盆底肌肉。**对于初学或动作不熟悉者刚开始可能较难揣摩，可以带一些想象勤加练习，相信很快就可以抓到诀窍了。

1 坐稳球上，双脚打开与骨盆同宽，双膝弯曲踩稳地面，身体延伸拉高，不耸肩、不驼背，双手叉腰帮助骨盆稳定。确认耳朵、肩膀与骨盆，以及膝盖、脚踝与骨盆各成90度角。吸气预备。

2 吐气，腹部收缩，放松身体让重心转换，臀部带动骨盆在球面上滑动画出8的字形，但骨盆不离开球面，不前倾也不后仰，身体始终保持直立。顺时针方向做5次，逆时针方向做5次。还原，回到原来预备位置。

上下弹跳 · 放空平衡

Bouncing on Ball · Balance on Ball

每回 3 次 ×每次 30 秒 · 每回 5 次 ×每次 1 秒

骨盆歪斜或脊椎扭转皆会改变正确的姿势体态，并增加脊椎特别是椎间盘的压力。椎间盘含水量超过 80%，有如 QQ 的果冻，位处上下两脊椎骨中间，作为身体活动时，椎骨相互碰撞之避震缓冲的软垫，但盘中却几乎无血管与神经，难以得到养分的滋润和补充，一但遭受破坏或退化，则难以修复愈合。“上下弹跳”及“放空平衡”可借助抗力球良好弹性的优势，对身体产生帮浦（Pumping）原理，为椎间盘注入新的活力。

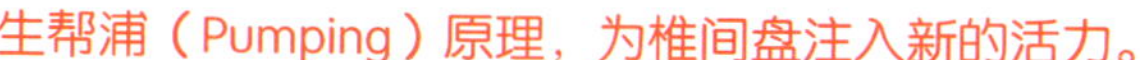

上下弹跳

坐球上，保持自然呼吸，不憋气，保持身体直立，骨盆不歪斜、不扭转，不僵住紧绷身体，放轻松在球上来回弹跳。维持30秒后还原，做3次，回到预备位置。

放空平衡

坐稳球上，保持自然呼吸，不憋气，双手高举空中，双脚抬起地面，维持稳定1秒钟，保持身体直立，骨盆不歪斜、不扭转，不僵住紧绷身体，还原，做5次。回到预备位置。

关于骨盆，你一定要知道的事

最想知道的生活疑问及真诚分享

如果我们能给予每个人
适量的营养和运动，
不会太少，也无需太多，
我们就会找到维持健康
最安全的方法。

——

现代医学之父
希波克拉底 Hippocrates

“葡萄糖胺”真能让关节回春？

案例分析 52岁的阿美婶某天搬货，准备站起来时，突然惨叫了一声“哎哟”，接着就听到“砰”的一声，阿美婶重重跌坐在地板上，膝盖突然疼痛无力完全站不起来。

自此之后，阿美婶的双膝总是无缘无故乱作怪，尤其在下楼梯时，更是常常感觉酸软、疼痛又无力，害得阿美婶再也不敢抱着孙子到处溜达，就连平常走路都要特别的小心。后来亲戚介绍她吃一种从美国带回来的保健食品，才让双膝的疼痛感稍微纾解。阿美婶把罐子拿来给我看，喔，原来是“葡萄糖胺”（Glucos-amine），有时大家也会称它为“维骨力”。

近年来，“葡萄糖胺”的广告充斥于媒体，业者大力推销“葡萄糖胺”的神奇功效，婆婆妈妈们怀着好事共分享的心情，热心地在街头巷尾诉说体验的感想，果真，大家吃得是糊里糊涂，都说有效有效。

接着，就连专业医师也跳出来大声呼吁，拿着不知从何而来的研究报告讲得头头是道，结果大家还是一头雾水。总之，短短时间内，“葡萄糖胺”俨然形成全民响应的保健食品，反正，你卖你的，我吃我的，这就是台湾可爱的地方。

但是你知道什么是葡萄糖胺吗？该如何选择？何时服用最好？可以治疗骨质疏松还是软骨退化？以下的说明可以让你找到答案，让你与家人吃得安心、吃出健康。

✱ “葡萄糖胺”到底是什么？

近年来非常受欢迎的维骨力保健食品，其实就是葡萄糖胺，“维骨力”这个名词，是意大利某药厂生产的硫化葡萄糖胺产品，为了让台湾民众清楚好记，而特地申请的一个专利商品名称，就像每个人取名字一样。因此，并不是所有的葡萄糖胺都称作维骨力，不同的厂牌会取不同的名称来凸显自家的产品。这样解释之后，希望不会再有所混淆，以下文章中将不再使用“维骨力”的专利名词，以保持专业客观的立场，与读者分享正确的观念与知识。

简单来说，葡萄糖胺分成两种，一种是硫化，称作“葡萄糖胺硫酸盐”；另一种是氯化，称作“葡萄糖胺氯化盐”或“葡萄糖胺盐酸盐”，但不论是哪一种，在瓶罐标签上都应当要看到详细成分标注，而不是只单单标明“葡萄糖胺”四个字，因为“硫化”与“氯化”，虽然只有一字之差，但在品质成本及效果上相差甚远，一定得要特别留心注意。

全世界各个国家销售的葡萄糖胺产品，**都归类于“增进关节润滑”，“保护关节内部软骨组织”及“促进软骨生长 / 愈合”的营养保健食品**，一般来说，不能称为药物，唯独台湾地区将硫化的葡萄糖胺归类为药品，民众在一般市面无法取得，即使可以购买到意大利出厂的硫化维骨力，但剂量却不能满足关节所需要的量。

严格说起来，葡萄糖胺是由单糖体氨基酸、黏多糖体以及软骨糖蛋白所构成，**在人体软骨细胞内自行就可以生产出来，只是，每个人差不多到了 45 岁至 50 岁开始，体内生成葡萄糖胺的能力与产量，会随着年龄升高而逐渐减少**，当关节内软骨逐渐缺乏葡萄糖胺的润滑，关节与关节间的距离慢慢会越来越狭窄，这就是所谓的“关节退化”。

“硫化 VS 氯化”葡萄糖胺比一比

名称		差异性
硫化	**葡萄糖胺硫酸盐** 或称 **葡萄糖胺硫化盐**（Glucosamine Sulfate）	**1** 提炼成本较为昂贵 **2** 完整研究实证报告 **3** 几乎全世界列为保健食品，只有台湾地区为药品 **4** 钠含量较高；葡萄糖胺纯度低
氯化	**葡萄糖胺氯化盐** 或称 **葡萄糖胺盐酸盐**（Glucosamine ydrochloride,HCL）	**1** 提炼成本较为低廉 **2** 缺乏足够研究实证报告 **3** 列为保健食品 **4** 钠含量较少；葡萄糖胺纯度高

Dr.Wu 的专业解说

到底氯化好，还是硫化好？这个问题自葡萄糖胺的使用开始风行以来，一直是个争论不休的话题，但是，不论是硫化或者氯化的葡萄糖胺，在比较两者差异性之前，首要确定的前提是两者的纯度、提炼的方式以及使用的剂量，必须在同等的品质上才能得到确实的比较结果。

对于消费者来说，有没有“确实看清楚产品标签、内容物及剂量”才是最重要的选择要点，价格不一定是决定品质的考量，剂量过高也不一定对身体最好。就目前而言，硫化的葡萄糖胺拥有最多也最完整的研究实证报告证明其功效，但氯化的葡萄糖胺证明可以提炼出更多更纯的葡萄糖胺，只是还需要更多的研究来证明。

✱ 葡萄糖胺等于“钙”吗？！

“葡萄糖胺硫化盐”对于关节与脊椎间的软骨健康有许多益处，不论葡萄糖胺的来源是来自保健食品、食物，或体内自行产生，**关节之间都必须要有足够的葡萄糖胺来保护软骨组织，否则就会引起关节退化进而造成疼痛。**

许多关节炎的患者服用不含类固醇的消炎药（NSAID）或止痛药来减轻疼痛以及关节粘连，却忘记了暂时止痛，有如视而不见关节间的磨损，不但真正的问题没有解决，药物反而会减缓体内修补与自愈的能力，长期服用不但增加胃、肠负担，甚至造成肝、肾的负担与伤害。遗留在体内还会出现副作用，如胃溃疡、消化不良、腹泻等，远远超过关节炎带来的苦痛。

✱ 葡萄糖胺真正的功能有哪些？

早在 1980 年，科学家曾针对退化性关节炎病患利用“葡萄糖胺硫化盐”与非类固醇消炎药（NSAID）的疗效统计研究中发现， 高达 90%~98% 可溶于水中的葡萄糖胺硫化盐与消炎药同样含有“抑制溶酶体酵素”（Lysosomal enzyme），具有“消炎镇痛”的能力，却不会遗留副作用，对于治疗关节炎，葡萄糖胺硫化盐有非常好的效果，疗效甚至超过消炎药（NSAID）。研究还发现，葡萄糖胺硫化盐对于人体具有以下功能：

★ 能够有效率地被小肠吸收，**将养分转送到关节间软骨。**

★ 促进关节中逐渐消耗的**葡萄糖胺生成。**

★ **延缓关节退化**的速度。

★ **修补关节**中原有软骨的损伤，让关节有活力。

★ 增进关节内**软骨的健康。**

★ 让关节拥有**良好润滑**、减缓退化的速度。

如何正确服用葡萄糖胺？

消费者在选择葡萄糖胺硫化盐产品时，除了注意厂牌与成分标示之外，剂量，也相当重要。**一般成年人每天需要葡萄糖胺硫化盐的量是 1500 毫克，但是身体一次最多只能吸收 500 毫克的葡萄糖胺硫化盐，多余的量也会随着尿液排出，**服用高剂量葡萄糖胺只有可能会增加肝、肾代谢的负担，并不会因此增强它的功效。正确的服用方式如下：

★ 每日服用**2~3次。**

★ 每次的剂量为**500mg。**

★ 每服用2~3个月应当**休息1个月后再继续服用**，特别是高血压、糖尿病或患有心血管疾病的患者。

★ **搭配大量白开水**，才能让葡萄糖胺发挥最大功效。

到目前研究报告显示，众多葡萄糖胺产品中，只有“硫化”的葡萄糖胺硫化盐具有上述葡萄糖胺的功效，至于其他种类形态呈现出的葡萄糖胺产品，有些不是缺乏有效的科学实证疗效，就是因成本低廉而容易大肆生产销售于市场，但以疗效而言，值得再做观察。

建议读者在使用葡萄糖胺之前，应该先了解自己是否需要服用，并应寻求你的脊骨神经科医师意见，才能确保自身的健康与利益。

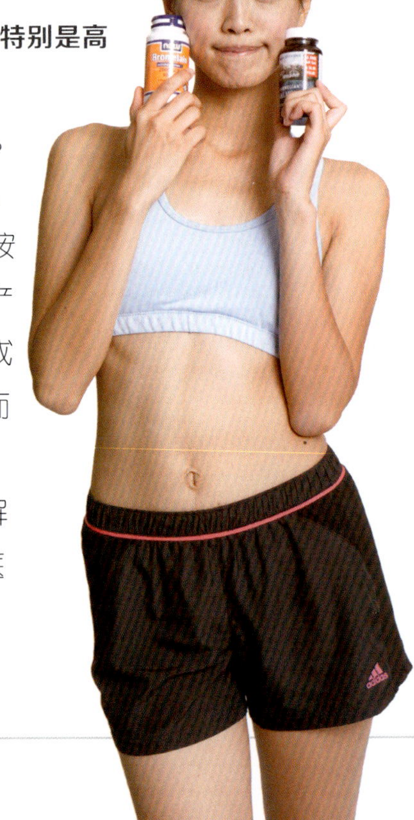

Q1：敲打屁股，会不会对骨盆造成影响？

A1：敲打越大力，只会让疼痛加剧，骨盆更歪斜！

久坐起身之后，你是不是会习惯性地以拳头敲打臀部呢？多数人会以为拍（敲）打可以改善臀部疼痛，促进血液循环、放松肌肉、抑制疼痛感，借此达到“通则不痛”的治疗理论，因而越拍越重。但是因越拍越痛，甚至都拍到出血了，还认为只是排毒。

屁股酸痛发生的原因，大多是因为长时间坐、卧、起、走、跑、跳的姿势不良，引起骨盆架构歪斜后，导致周遭肌肉被过度拉扯疲损，造成乳酸堆积无法代谢，才产生疼痛，多数状况还可能伴随发炎现象。

倘若只是肌肉因使用错误，导致暂时性疲劳，适当轻轻拍打、敲槌，甚至冲个热水澡，好好睡上一觉，的确可以达到上述“通则不痛”的效能；但如果是“姿势性”引起架构改变，如骨盆歪斜等，恐怕就不是拍打所能解决的问题，若伴随着肌肉发炎、神经受到挤压、干扰等现象，**还可能越拍打，越让肌肉中的微血管破裂出血，或过度刺激神经，导致发炎的范围越来越大，疼痛也会越来越加剧，甚至产生发麻、酸软而无法支撑骨盆，让早已歪斜的骨盆更加歪斜。**

Q2：腰酸背痛时，吃消炎止痛药可以彻底改善吗？

A2：只能短暂抑制疼痛，而且会累积对骨盆的伤害！

疼痛，其实是健康遭受破坏后的最后一道生理信号，提醒我们该注意身体变化，其中当然包括骨盆歪斜引起的各种腰酸背痛，但酸痛却是生理上最容易被遮蔽及被去除的一种现象。许多人甚至专业医师都习惯服用消炎止痛药、肌肉松弛剂来解决疼痛，认为只要不痛，问题就解决痊愈了，但其实，在疼痛感消失后，软组织（肌肉、韧带、神经、软骨等）才正要“开始”修补愈合。这就是大多数人所忽略的重要步骤，也就是为什么旧伤特别容易复发。

藉由药物来抑制腰酸背痛的效果，正如用胶布贴住已亮起的油灯，让自己假装视而不见，但事实上，油仍然不断在逐渐减少，相对骨骼的磨损、肌肉的拉扯、韧带的扭转、神经的干扰同样仍在受伤损耗，只是没感觉了。等到最后油真的漏光了，**车子抛锚停摆就如同“关节被磨损耗尽”，让原本只是单纯姿势不良引起骨盆歪斜，因拖延治疗可能引发更大危害健康的问题，如椎间盘突出、神经压迫、退化性关节炎、坐骨神经痛等。**

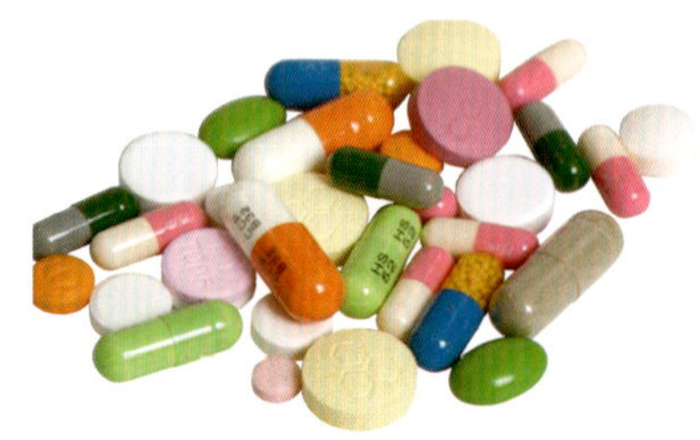

腰酸背痛若不能得到正视，或忽略找出真正引起疼痛的原因，从根本着手改正，如骨盆运动训练核心肌肉力量、调整正确的行动姿势、喝水饮食，等等，而长期依赖消炎止痛药、肌肉松弛剂，来产生短暂抑制疼痛的假象，不但无法使骨盆矫治，反而延误正确处理方式，使骨盆更加歪斜扭转。

药物会延迟伤口（发炎）愈合的时间，且等药效过后，往往疼痛又会再次复发，服用的剂量就越来越重，养成依赖或滥用，严重影响肝、肾正常运作。长期下来可能造成肠胃不适如消化不良、溃疡、出血、肾功能不全、肝功能异常，伤胃、伤肾更伤肝，还可能导致皮肤过敏、头晕、头痛、嗜睡等，甚至引发血压与心血管疾病，长期服用就好比慢性自杀损毁健康直到殆尽。**根据美国药物及食品管理局（FAD）的统计，美国“每天”约有上万人因滥用消炎止痛药引发副作用而入院治疗，尤其年纪超过六十岁的问题更为复杂严重，而每年死于消炎止痛药所引起的胃肠出血的人数，远超过艾滋病，与车祸死亡人数相差无几。**

Q3：琳琅满目的骨盆产品，真的有效吗？

A3：产品搭配规律正确运动，才会真的有效果

市面上常看到销售火热的“骨盆束裤”“骨盆带”“骨盆坐垫”等激夯人气的商品，产品广告强调可以激瘦骨盆、将骨盆变小，让许多梦想拥有修长、瘦臀、缩小骨盆的年轻女孩、久坐的 OL 还有产后的新手妈妈们，燃起一道希望的曙光。

我的确看过许多品牌的骨盆束裤、骨盆带和骨盆坐垫，甚至也有厂商来找过我寻求专业的建议，说实话，各家品牌使用的材质、工法粗细和价格确实有所差异，也的确多少会影响最终的成效，但是，这些产品的目的性对我来说，都是一样。

✿ 单依赖辅具，忘了自我训练肌肉，只会有反效果

不论是穿上骨盆束裤，还是绑上骨盆带又或者放块骨盆坐垫，最重要的，都是在“提醒”与“矫治”我们在站、坐、起、走、跑、跳时，要收提“对”的肌肉，维持正确的姿势体态，当然，要达到此目的，就是要从“骨盆的稳定性”着手。

如果，我们能够时时运用对的肌肉，稳定骨盆不歪斜扭转，肌肉就会变得比较紧实，不会呈现松垮凹凸的感觉，关节骨骼也不会转向凸出，维持在对的直线上；相对的，脂肪的分布也会较为平均，不致特别堆积在腹、臀、大腿等区块，身材线条慢慢就会变得匀称修长，感觉起来骨盆就变小了。

但毕竟这些产品只能当做“辅具”来使用，**如果只单单依赖产品本身，而不能控制饮食或养成规律的运动，特别是“自主性的肌肉耐力训练”，以及关节活动和稳定性训练，那么，长期使用这些产品恐怕只会产生更多的反效果。**

✿ 规律训练“骨盆的稳定性”才是根本之道

就好比如果每天起床有人抱、吃饭有人喂、出门有车载，那请问，为什么还要学会咀嚼和走路呢？慢慢的，身体只会出现肌肉萎缩，甚至功能消失退化，因为，不需要了。同样的道理，**如果长时间穿、戴、坐这些骨盆辅具，久了身体自然也就习惯被捧着的感觉，慢慢就会恢复自身歪扭的本性，反而失去产品原来“提醒”和“矫治”的美意，**当脱离这些产品时，肌肉还可能因为长时间习惯被固定，反而变得更加松垮、萎缩甚至无力。

任何一样产品衍生的初衷，我相信绝对都是好意，但广告毕竟是商业，恐怕在销售上无法客观仔细清楚地分析产品利弊，让消费者明白。相对地，身为现今聪明的消费者，在掏腰包花银两时，也必

须了解所消费的产品及目的，免得赔了夫人又折兵，只一味责备产品设计不良，无法达到预期效果，其实也有失公道。就专业客观而言，只能说，“天下没有白吃的午餐”，想要达到真正的美和瘦，还是得靠自己，“自助后人助；人助后天助”，是自古流传不变的真理。

Q4：什么是最有效安全的消炎方法？

A4：冰敷与凤梨酵素，最天然有效的消炎方法

发炎，是组织（骨骼、肌肉、韧带）受到破坏后，身体自动产生的一种防御机制，此时，受伤处会释出组织胺、淋巴液等发炎因子让周遭血管造成扩张、肿胀，使得血管的渗透性与血液流速增加，因而过度刺激周遭神经而产生红、热、肿、痛等发炎现象。

✱ 冰敷对于“急性疼痛”最有效

受伤尤其是急性腰酸背痛发生时，最有效、快速的消炎方法就是——冰敷。**冰敷能立即收缩血管、降低血液流速、避免过量的发炎因子释出，也会降低出血、改善瘀青肿胀及延缓神经传导的速度，还可以舒缓紧张的肌肉纤维，达到消炎止痛的效果。**

Dr.Wu 的专业解说

冰敷前，你该知道的 3 件事

1. 冰敷袋、冰枕、冰块等方式，用**毛巾包裹后**，敷在伤处以避免冻伤。
2. 冰敷时间维持在15到20分钟，理论上虽说**受伤后72小时内冰敷**，但临床上应视当时情况决定冰敷长短，只要还呈现发炎状态，都应继续施予冰敷。
3. 伤处经过❶冷却→❷灼热→❸痛→❹麻痺四个阶段，才算达到深层的冰敷。

凤梨酵素，有强大的消炎功能

早在 1957 年，凤梨酵素（Bromelain）就尝试被拿来作为消炎治疗之用，更在 1993 年，德国科学家发表证实凤梨酵素强大的消炎功效后，成为德国与欧洲最热卖畅销的保健食品之一。

凤梨酵素萃取类黄酮素及蛋白质分解酵素浓度与含量最高的凤梨根部，藉由刺激胞浆素的制造来阻止发炎现象，对于关节炎、过敏、鼻窦炎、气喘、肌肉酸痛、促进开刀伤口愈合、心血管等因炎症引发的问题，具有强力抗炎、分解蛋白质的特性，功能与效果大大超越非类固醇消炎药。

选择凤梨酵素，不可不知的 3 关键

1 服用凤梨酵素并不会影响肠胃道运作与胃酸的分泌，更不会引起胃肠不适，**唯使用抗凝血、抗生素等药物者、孕妇**，需依照医生指示小心服用。

2 不同于其他酵素，凤梨酵素可以同时存在酸性的胃部与弱碱性的小肠内，成为最佳的消化酵素，因此，凤梨酵素应在**饭中立即服用，效果最好**。

3 包装上计量凤梨酵素的单位为GDU，指的是“每一克凤梨酵素中，所含的活性酵素单位”，选择时，包装上的**GDU数值建议在2200mg以上的效果为佳**。

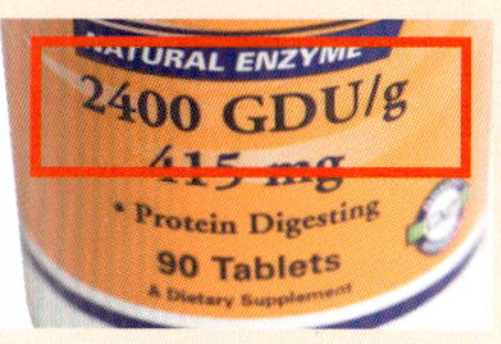

PART 4 关于骨盆，你一定要知道的事

高跟鞋每多一寸，前脚掌就增加 76% 压力

穿高跟鞋会提高“后脚跟”高度，就会增加“前脚掌”的压力，加上高跟鞋楦头又尖又窄，对脚趾头的活动和血液循环无非是雪上加霜。**据研究指出，每提高一寸的高跟鞋，前脚掌就得增加至少 76% 以上的压力，尤其是超过三寸以上的高跟鞋，前脚掌就得承受相较一寸高跟鞋七倍以上的身体重量。**其中，最具代表性的伤害就是“摩顿氏神经瘤”（Morton's Neuroma）。

“摩顿氏神经瘤”简单来说就是位于前脚掌 3、4 根脚趾下方开始，一直连结到尾端脚球的神经，**因为在行走、跑跳等活动中，受到过度力量压迫与摩擦，以及鞋子楦头尖又窄，让脚趾活动空间受到挤压，造成神经或脚趾间滑囊发炎而产生的疼痛。**虽然常见于 3、4 根脚趾，但也有可能因为走路力学习惯被改变而压迫在 2、3 根脚趾，导致 2、3、4 趾一起发炎疼痛，只要在任何对抗地心引力的姿势下（站、坐、起、走、跑、跳），让神经继续产生压迫，就会继续产生更深层或者带着些许灼热感的疼痛，严重时，还可能沿着前脚掌往脚跟方向，产生触电或抽筋的麻痛感。大多数的人会形容在脚趾下方感到硬硬鼓起的肿胀疼痛，越走越痛，但只要平躺把脚抬高休息就会比较舒服。

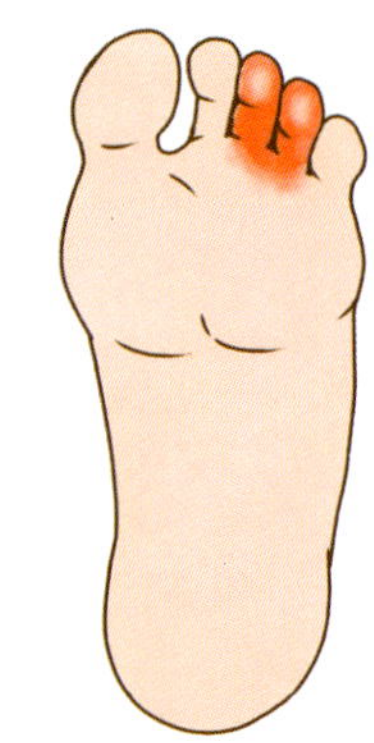

Dr.Wu 的专业解说

“摩顿氏神经瘤”改善重点

1 先确认双脚**是否出现错位**或卡住的关节，可请教脊骨神经科医师进行矫治。
2 多做**足部运动**，放松脚底紧绷的肌肉。
3 选择正确足弓支撑、楦头宽松、弹性佳的鞋子。
4 **可放矫治型鞋垫**，矫治身体重心位置，减轻压迫。
5 如果产生发炎疼痛，可利用**冰敷或凤梨酵素**减缓发炎现象。

用剪刀剪“厚茧”，好吗？！

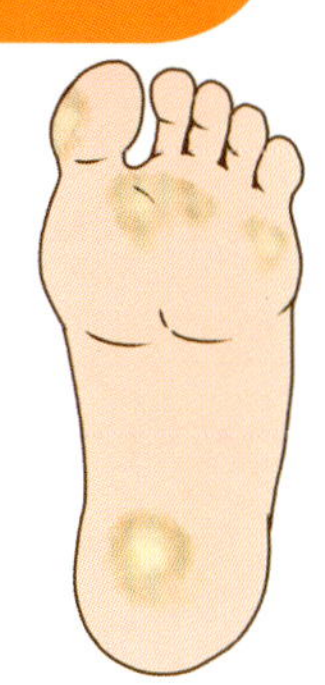

除了摩顿氏神经瘤外，经常穿高跟鞋、不穿袜子、常穿硬底运动鞋的人，脚底一定也会出现厚厚的老茧（Calluses）。

别小看“厚茧”的产生，这是造成脚部伤害的第一步。**严重会产生疼痛，走起路来会因受到挤压或高低不平，让双脚无法完全着地，形成怪异的走路姿势，影响整体用力的方式，最终必然造成许多腰酸背痛及伤害的产生。**

许多人会藉由剪刀或刮刀来清除厚茧，其实这是错误的方法，虽然外表看似以为单纯只是表皮圆形平面的厚皮增生，但事实上却是锥形由脚里堆积而外，其锥底深度因人而异，因此无法藉由刮除表面增厚的皮肤去除老茧，若是处理不当，**特别是伤口愈合不易的糖尿病患者或熟龄朋友，不但容易造成伤口感染，增加细菌感染的几率，深入其中的锥体反之受到更多刺激造成厚茧增生加速。**

Dr.Wu 的专业解说

“厚茧”改善重点

1 在温热水中放入些许**沐浴盐或粗盐**泡脚，最多20分钟，可借此软化皮质，减轻疼痛。但对于皮肤容易过敏或糖尿病患者，则须特别留意使用，或请教专业医疗人员后使用。

2 保持**双脚清洁与正常湿度**，规律涂抹乳液或油，特别以含有**金盏花**（Calendula）成分更佳，避免皮凸干燥龟裂。

3 选择正确足弓支撑、楦头较宽松、弹性较佳的鞋子。

4 避免长时间穿高跟鞋，如非不得已，请选择**楦头较宽、前高后高**的高跟鞋。

5 可放矫治型鞋垫，矫治身体重心位置，减轻压迫摩擦。

6 不要修剪或过度搓磨厚茧，特别是**皮肤敏感和糖尿病患者**，避免破皮发炎感染。

骨盆健康，才能享受人生！

1 为自己，创造健康自在的生活

—Yahoo・Genevieve hu

在认识 Dr. Wu 之前，我一直饱受背痛腰痛之苦，有时候脚麻了也不知道是什么原因，即使曾去过医院的骨科做电疗复健，但总因为等待的时间长，治疗的效果有限，没几次就不了了之。经过 Dr. Wu 的诊断和脊椎矫治的帮助，疼痛的状况有了很大的缓解。而更赞的是，开始渐渐地对自己的身体有了更深一层的了解。举凡站坐的姿势、情绪的累积、运动、睡觉、压力、坐飞机、打电脑，等等，生活中的很多不在意的小细节，时间一久，很可能就对身体造成负担。酸痛的形成，往往都不是短时间造成的。

身体健康的重要，大家都知道。我很幸运，因为从吴医师那里认识到脊椎的重要。**学习经常倾听自己身体发出的信号，定期的脊椎矫治及咨商，并佐以伸展运动的训练来保养。其实，对我来说，脊椎的保养，**跟定期地去检查牙齿、洗洗牙的道理是很相近的。毕竟这辈子都得仰仗自己这副骨架来负责生活中行动的点点滴滴，那找个好医生，定期保养关爱一下，可一点儿也不为过吧！

2 做对的运动，改善我多年的膝盖疼痛

—中国台北・家管・Linda 53 岁

多年来一直有膝盖疼痛的毛病，西医看过后交待回家做抬腿运动，虽然没有完全根治，但搭配护膝使用，倒也缓解了疼痛感。不料，半年前开始，**疼痛变得很频繁，走几步路腿就酸了，最后甚至夸张到不动时腿也是酸的，怎么治疗都没效，**看了许多医生都只说可能是运动过度，叫我贴药布就对了。

直到某个机缘下，遇见了 Dr. Wu，在其亲切并详细地问诊后，才知道原来是做错运动，经由 Dr. Wu 调整并搭配肌内效贴布后，腿部酸痛问题当场缓解，

真的很神奇！甚至当晚就能逛街了。第2次治疗后，更是进步神速，Dr. Wu也说："你复原得很好，不用再过来了。"当下真是异常开心。

直到现在，我仍听从医师的嘱咐，**改善生活习惯及搭配正确的腿部运动，如：滑墙运动，现在，膝盖再也不痛了，**真的非常感谢 Dr. Wu，也希望能藉由我的经验，让更多人找回健康。

3 疼痛就像扎在肌肉的针，突然被拔掉了！

—中国台湾・Carol Y.

我记得第一次寻求协助，是因为那阵子我每天睡不好，而且腰酸背痛，怀着敬畏的心情（因为我超级怕痛），趴上了矫治台，宛竹的手所到之处，无不处处命中要害，就好像原本长年扎在你肌肉深处的针，突然被拔掉了；**短短的时间，我原本僵硬得像石头的肩膀，居然松软了下来，而因为几年前工作伤害（空服员），困扰了我将近十年的腰椎疼痛，居然减轻了一大半！！**

因为工作无法经常回台湾，所以我也在香港看脊医师，并定期接受脊椎矫治，不过，香港的医疗系统真是不唬人，相信接受过的人都知道，不只收费高得惊人，连医生也是来匆匆去匆匆，接着就由机器接手，面对冰冷的机器做复健，效用或多或少还是有点帮助，但就是少了一点点什么东西……我想是人情味吧。每每趴在那牵引机上，我总是想着在台湾的 Dr. Wu！

希望台湾地区脊骨神经医学的发展，能与国际接轨跟上世界潮流，让更多人在疼痛治疗上，多一种自然又有效果的选择，与我一样可以体验到脊骨神经医学为健康带来的美好。

4 Dr.Wu 像家人一样亲切温暖

—赖同学・12 岁

你曾仔细观察过你的脚吗？我对我的小脚丫十分陌生，好似除了走路外，我不曾关心过它的健康。就在一次闪躲动作受伤后，我才开始学习认真对待它！回想那时的我，整整痛苦了一个星期，每当要站起时，如同千万根针刺向我的臀部，站也不是、坐也不是，我开始对椅子有种恐惧，坐立不安的我决定用跪的姿势，因此我开始跪着吃饭、跪着写功课。

宛竹阿姨告诉我，我的症状是尾椎骨错位，但是导致我尾椎骨错位的罪魁祸首竟是我的小脚丫，它的健康状况亮起红灯。**原来我们往往不知道身上所发生的疼痛，居然和脚的毛病有着紧密的关系。**

我喜欢接受宛竹阿姨的照顾，她亲切温柔的态度、明确仔细的询问、轻松舒服的照顾，让我感觉到她的耐心及细心，透过样样齐全的设备，让我感觉到她的专业。我喜欢去宛竹阿姨那儿，那儿的种种不亚于大医院，反倒多了一份家的感觉。俗话提到，从一个人走路的样子，就可以知道他的个性。这不难看出脚丫大不同中——脚的哲学。

5 身体是你的好伙伴，请一定要好好对待

—瑜伽老师 · Eros Yu

偶然看到镜中的我或是照片中的自己，总是觉得看起来不太对劲，自己的脸和身体老是看起来不太对称，虽然是个瘦子，但肚子却老是看起来过大，不时有睡眠的问题困扰我，还时常需要止痛药来度过经期。在老师推荐下，我找了脊骨神经专科 Dr. Wu 作初步的咨询。

Dr. Wu 觉得我的问题主要在我的颈椎及骨盆，这也是为什么我的头老是往右偏，而骨盆前倾严重，肚子往前凸，于是显得肚子很大。不过我还是去照了 X 光片，以进一步确定实际的问题所在。我记得帮我照 X 光片的检验师看着我颈椎的片子说：“你一定很不舒服喔！”他的话又再次地点醒我对自己的身体有多么的陌生。

在这趟身体探索之途上，Dr. Wu 除了疗愈之外，对我最大的影响是她不断地教育身为患者的我，给予我正确的知识。这几年来我最大的体会，就是身体没有所谓的完美，我想因为它的不完美，我才谦卑地面对我自己，因为不完美，我才有努力的目标，要找到属于自己生活的态度，就要先找到善待自己身体的态度。

6 “尊重”是脊椎神经医学坚持的态度

—全球人寿·Iris Pi

今年小女儿已满六岁，除了内八字的问题，双腿站立时从侧面看是往后弯的幅度，但她从小爱漂亮，坚持不穿矫治鞋，我只好带去找宛竹阿姨。宛竹温柔细心地看过后（她对小孩真的很有一套），不做矫治，却教我们几个简单的动作让女儿回家练习，不到一个月的时间，女儿的内八字和腿的幅度就改进非常多，连长辈们都惊讶地以为我帮她做了什么矫治呢！这就是宛竹，永远站在病人的角度做评估考量，然后给最忠肯的建议！当然，鞋子也强调了很久，原来小朋友的鞋子选择要这么注意，不是流行好看就好呀！

如果医生们有颗温暖的心，透过他们的手将更容易散去病人心理和生理的疼痛！我有幸与宛竹为友，有她为医，也希望宛竹一直推广的自然医学（不吃药、不打针、不做侵入性治疗）能更深入人心，让每个人都知道怎样好好照顾自己这个独一无二的艺术品！好好珍爱自己！

7 自然、全方位的新健康概念

—大学教师·Carol Liu,Ph.D.

我记得，当初接触脊骨神经医学只是抱着“姑且一试”的心态。当时，我刚从美国念完硕士回台工作，白天上班，晚上在学校兼课。身体有很多的毛病！两肩常常酸痛到手臂抬不起来，频频膀胱炎，免疫力特别差，只要是有流感，我一定会跟上流行！后来朋友建议我看脊骨神经科，经过一段时间矫治之后，我的身体状况改善了许多。

经由医师修正轻微错位的骨头，可以避免长期姿势不良所造成的病痛。很多人认为脊骨矫治跟传统的推拿、整骨没什么不同，但接受矫治的人应该都知道，脊骨神经医学是一种科学化、全方位的医学。

医生皆接受专门、严格的训练后，取得证照。除脊骨矫治外，医生会适时地提出建议，要患者透过运动或饮食来保健身体。我认为，脊骨神经医学守护着我们健康的根本，在巩固好自身的骨架后，再以这个为出发点来锻炼肌肉来保护骨头。骨头、肌肉健康了，我们才有真正的本钱去创造属于自己的未来。

图书在版编目（CIP）数据

爱上骨盆操 / 吴宛竹著. -- 南京 ：译林出版社，2016.2

(乐生活系列)

ISBN 978-7-5447-6178-9

Ⅰ.①爱… Ⅱ.①吴… Ⅲ.①健美操 Ⅳ.①G831.3

中国版本图书馆CIP数据核字（2016）第015811号

由采实文化事业有限公司授权出版中文简体字版

书　　名　爱上骨盆操
作　　者　吴宛竹
责任编辑　陆元昶
特约编辑　梁永雪
出版发行　凤凰出版传媒股份有限公司
　　　　　　译林出版社
出版社地址　南京市湖南路1号A楼，邮编：210009
电子信箱　yilin@yilin.com
出版社网址　http://www.yilin.com
印　　刷　北京旭丰源印刷技术有限公司
开　　本　710×1000毫米　1/16
印　　张　9.75
字　　数　66千字
版　　次　2016年3月第1版　2016年3月第1次印刷
书　　号　ISBN 978-7-5447-6178-9
定　　价　39.80元

译林版图书若有印装错误可向承印厂调换